오늘 더 행복해지는 연습

이 책을 소중한

_____님에게 선물합니다.

_____ 드림

# 오늘 더
# 행복해지는 연습

정자영 지음

위닝북스

**프롤로그**

## 오늘도 나는 행복을 담는다

　사람들은 늘 행복을 갈망하며 살고 있다. 왜 그리 바삐 뛰어가느냐고, 왜 그리 열심히 일하느냐고 물으면 '행복해지기 위해서'라고 대답하는 사람들이 많다. 그리고 행복을 기다린다. 그러면 행복이 찾아올까? 아니다. 행복은 기다려서도 미래에 양보해서도 안 된다. 지금 당신이 서 있는 자리, 지금 당신이 가지고 있는 많은 것들… 이 모든 것들에 감사하고 기뻐하며 사는 것이 행복하다. 그럴 수가 없다고? 아니다. 그럴 마음이 없기 때문이다. 지금 당장 당신의 마음을 바꿔라. '나는 지금 행복하다'고.

살아가면서 우리는 수많은 선택을 한다. 그렇다고 늘 바른 선택만을 하지는 못한다. 바른 선택이라 믿고 갔던 길도 가다가 아니면 또 다른 길을 선택해야 한다. 우리는 선택으로 많은 것을 얻기도 하며 잃기도 한다. 인생의 모든 것이 바뀔 수도 있다. 선택의 책임은 오롯이 내 몫이다.

인생의 막다른 골목에 섰을 때, 나는 다른 길을 택하기로 했다. 어디에도 기댈 때가 없을 때 나에게 친구가 되어준 것은 책과 강의였다. 그들이 있어 나는 웃기도 하고 울기도 하면서 인생의 끈을 놓지 않고 여기까지 잘 버텨 왔다. 어느 책에선가 '한쪽 문이 닫히면 다른 쪽 문이 열린다'는 구절을 보았다. 나는 이 말을 믿기로 했다.

그동안 취미로만 생각했던 독서와 강의 듣기에 매달렸다. 인문학 강의를 비롯한 각종 강연을 찾아다니며 참 많이 들었다. 책도 치열하게 읽었다. 그 안에 답이 있을 것 같았다. 그리고 답을 찾았다. 그렇게 여러 해 동안 피나는 노력으로 '독자'에서 '저자'로 다시 태어날 수 있었다.

"생활에서 충분한 만족과 기쁨을 느끼어 흐뭇함 또는 그러한 상태"

사전에 기록된 행복에 대한 정의다. 누가 이처럼 행복할 수 있을까? 아니, 이런 사람이 몇 사람이나 될까? 행복이라는 단어는 우리 곁에서 흔히 볼 수 있다. 행복한 인생, 행복한 아파트, 행복한 노후 생활 등 수많은 행복들이 등장한다. 그렇다면 내가 진정으로 생각하는 행복이란 무엇일까? 나의 과거와 현재 그리고 미래를 생각하며 한 자 한 자 적어나갔다. 그 결과 《오늘 더 행복해지는 연습》이 세상에 나오게 되었다.

행복의 키워드는 수없이 많다. 사랑, 성공, 정복, 성취… 그중에서 나는 지금까지 살면서 내가 무엇을 기쁘고 만족스럽게 느끼고, 행복이라는 단어를 붙일 수 있는지에 중점을 두었다. '꿈, 공부, 주도적 인생, 사람과의 관계, 그리고 성장'이라는 5가지의 키워드를 고를 수 있었고, '정말 너희들이 있으면 행복할까?'라는 의문을 수없이 반복하며 이 책을 썼다.

처음부터 나는 행복한 사람이 아니었다. 좌절, 불행, 배신, 절망, 사기, 돈, 권력 등 수많은 부정적인 단어들과 싸웠다. 그리고 나는 나를 바꾸기로 했다. 부정적인 단어들을 몰아내고 '희망, 기쁨, 즐거움, 가족, 친구' 등을 초대했다. 그 자리에는 행복이라는 녀석이 남아서 나를 안아 주었다. 이렇게 행복한 마음으로 책을 써 나갈 수 있었다.

이 책을 쓸 수 있도록 용기를 준 아들과 남편, 응원을 아끼지 않은 많은 분들께 감사드린다. 외로움에 떨던 내 곁을 떠나지 않고 끝까지 함께해 준 나이 어린 친구들과 고모가 책을 쓴다며 자랑스러워하던 조카들에게도 고마운 마음을 전한다.

나는 오늘보다 더 나은 내일이 될 거라 믿어 의심치 않는다. 한계를 뛰어넘어 내가 진정으로 원하고 좋아하는 책을 계속 쓰며 지금 행복한 인생을 살 것이다.

마지막으로 이 책을 읽는 모든 분들이 지금 이 순간 행복하고, 성장하기를 내 모든 마음을 담아 진심으로 소망한다.

2016년 11월
오늘을 행복하게 사는 정자영

# CONTENTS

**PART 1**

# 가슴 뛰게 하는
# 꿈을 찾아라

**꿈**

| | |
|---|---|
| **01** 꿈을 가지는 순간, 인생이 달라진다 | …015 |
| **02** 당신의 가슴을 뛰게 하는 일은 무엇인가? | …020 |
| **03** 조금 늦어도 괜찮다, 나만의 길을 가라 | …027 |
| **04** 내 꿈의 주인은 정말 나인가? | …032 |
| **05** 심장을 뒤흔드는 빅피처를 그려라 | …039 |
| **06** 자기 삶의 혁명가는 자기 자신이다 | …044 |
| **07** 이제 다시 시작이다 | …050 |
| **08** 진짜 인생은 지금부터다 | …057 |

PART **2**
# 진짜 공부를 시작하라

**공부**

| | |
|---|---:|
| **01** 지금 늦었다고? 가장 빠른 시간이다 | ...065 |
| **02** 나이 들어 하는 공부가 진짜 공부다 | ...071 |
| **03** 인생 후반기, 진짜 공부를 시작하라 | ...076 |
| **04** 자기계발서에 인생의 답이 있다 | ...082 |
| **05** 퇴근 후, 딱 1시간만 투자하라 | ...089 |
| **06** 배움을 영순위에 놓아라 | ...094 |
| **07** 진검승부에서 선택과 집중하라 | ...100 |
| **08** 인생 이모작, 지금부터 준비하라 | ...106 |

PART **3**

# 휘둘리지 않는
# 인생을 살아가라

**주도적 인생**

| | |
|---|---|
| **01** 먼저, 나부터 사랑하라 | …115 |
| **02** 혼자 있는 시간을 즐겨라 | …121 |
| **03** 다른 사람 눈치 보지 말고 이기적으로 살아라 | …127 |
| **04** 타인에게 휘둘리지 말고 내 인생을 살아가라 | …133 |
| **05** 그 누구라도 나를 함부로 대하지 않게 하라 | …140 |
| **06** 왜 내 인생을 남의 손에 맡기는가 | …148 |
| **07** 너만의 인생을 살아라 | …154 |

PART **4**

# 최고의 가치는
# 사람이다

| | |
|---|---|
| **01** 혼자 행복해질 수는 없다 | …163 |
| **02** 나의 관점을 버리고 상대의 관점에서 생각하라 | …168 |
| **03** 사람과 싸우지 말고 문제와 싸워라 | …174 |
| **04** 너 때문이 아니라 나 때문이다 | …180 |

05 사람 공부를 해야 하는 진짜 이유 …186

06 가장 즐거운 것은 인간관계다 …192

07 멀리 가려면 함께 가야 한다 …196

08 결국은 사람이 답이다 …202

PART 5

# 배우고 가르치고 사랑하라

**성장**

01 제자리에 서 있는 인생이 되지 마라 …209

02 실패하며 배우는 것들 …215

03 기적은 스스로 찾아오지 않는다 …223

04 제2의 인생, 현역이 답이다 …229

05 행복하게 나이 드는 법 …234

06 배우고 가르치고 사랑하라 …241

07 지금, 여기에서 행복하라 …246

PART
1

## 가슴 뛰게 하는
### 꿈을 찾아라

# 꿈

# 01

## 꿈을 가지는 순간, 인생이 달라진다

마음의 준비만이라도 되어 있으면
모든 준비는 완료된 것이다.
- 셰익스피어 -

어제보다 더 행복한 오늘을 위해 여행을 떠나고자 한다. 길을 떠나기 전에 첫 번째 여행지로 고른 곳은 바로 '꿈'이다. 자, 그럼 지금부터 행복여행의 첫 출발점인 꿈길을 한번 걸어 보자.

먼저 내 어릴 적 꿈 이야기로 시작할까 한다. 어릴 적 꿈은 초등학교 선생님이었다. 내가 초등학교 교사를 꿈꾼 데는 다음과 같은 사연이 있다.

강원도 영월에서 농사를 짓는 부모님은 5남매를 두셨고, 나는 5남매의 막내딸이었다. 엄마는 마흔아홉 살에 나를 낳으셨다. 아버지는 쉰여섯 살이었다. 사람들은 나를 '쉰둥이'라 불렀다. 나는 엄마의 지극한 사랑을 받았다. 우리 동네는 전형적인 밭농사 지역이었고, 당시 2km 정도 되는 길을 걸어서 학교에 다녔다. 한 반에 33명 정도 되는 영월초등학교 청령분교를 다녔는데, 당시에는 비교적 작은 규모의 학교였다.

비가 억수같이 쏟아지던 어느 날이었다. 비가 눈이 오는 날이면 엄마는 나를 학교에 못 가게 했다. 20살 위의 오빠는 이런 엄마와 늘 의견 다툼을 벌였다. 그날도 엄마와 오빠는 의견 대립을 했고 오빠의 승리로 끝났다. 결국 나는 학교에 가야 했다.

엉엉 울며 책보를 등에 메고 긴 시골길을 걸어 학교에 도착했다. 우산을 쓰기는 했으나, 책보며 옷은 다 젖은 상태였다. 이미 1교시가 끝나가고 있었다. 선생님께 엄청 혼날 것은 뻔한 일이었다. 나는 교실로 들어가지 못하고 밖에서 안을 살짝 엿보고 있었다. 그때 선생님과 눈이 딱 마주쳤다. 이젠 돌아갈 수도 없었다. 고개를 푹 숙이고 교실 문을 열고 들어갔다. 그러자 선생님이 문 쪽으로 다가와 내 손을 덥석 잡으며 이렇게 말했다.

"그 멀리서 오느라고 얼마나 힘들었니. 고생했다. 오늘따라 폭풍우가 아주 심술을 부리는구나. 어서 와라. 이런! 옷이 다 젖었구나!"

그리고는 아이들을 향해 외쳤다.

"거기 뒤에 누가 수건 좀 갖다 줄래?"

내 조그마한 손은 세상에서 가장 따뜻한 손안에 있었으며, 귀에는 세상에서 가장 아름다운 목소리가 들려왔다.

'아! 세상에는 이런 따뜻한 손도, 이런 아름다운 말도 있구나!'

눈물이 주르륵 흘러내렸다. 조금 전까지만 해도 그것은 빗물이었으나 이번에는 정말 뜨거운 눈물이었다. 나는 친구들이 보고 있는 것도 아랑곳하지 않고 펑펑 울며 서 있었다.

이것이 초등학교 2학년 때의 일이다. 나는 이 일이 있고 난 뒤, 어른이 되면 꼭 담임선생님 같은 훌륭한 선생님이 되겠다고 결심했다. 그리고 졸업할 때까지 즐거운 마음으로 학교에 다녔다. 지각이나 결석하는 일도 거의 없었다. 엄마가 깨워야만 일어나던 버릇도 조금은 고쳐졌다.

가끔 선생님이 생각난다. 그 후에도 얼마나 많은 아이들에게 꿈과 희망을 선물하며 교단에 서 계셨을까. 따뜻한 그 손길이 그리워진다. 어릴 적 꿈이었던 선생님이 되기 위해 나는 열심히 공부했다. 비록 그때의 꿈은 이루지 못했지만, 열심히 공부한 덕분에 공무원은 될 수 있었다. 이제 와 뒤를 돌아보니 꿈을 잊고 살았다. 꿈에 대해 생각해보지도 않았다. 그렇게 많은 시간이 흘러갔다.

몇 년 전 나에게 큰 시련이 있었다. 행복하지 않은 시간들이었다. 그때 문득 감사담당관으로 근무하던 시절, 직원들에게 친절강의를 했던 일이 떠올랐다. 직장 생활 중 가장 즐겁고 행복한 시간이었다. 행복했던 시간을 만들어준 강의를 하기 위해 공부를 해야겠다고 마음먹었다. 나에게 닥친 시련을 극복하고자 생각해 낸 방법이었다.

심부재언 시이불견(心不在焉 視而不見) '마음이 그곳에 있지 아니하면 보아도 보이지 않고 들어도 들리지 않는다'는 말이 있다. 관심을 책과 강의 쪽으로 돌리니, 읽고 싶은 책도 보였고 강의를 진행하는 곳도 눈에 띄기 시작했다. 그때부터 본격적으로 책을 읽으며 많은 강의를 들었다. 그런데도 나의 꿈은 손에 잡힐 것 같지 않았다. 고민이 깊어갈 즈음, 연봉 10억 원을 넘게 번다는 스타강사 유수연의 강의를 듣게 되었다. 그녀는 이렇게 말했다.

"나는 40대까지 꿈이 없었습니다. 이때 꿈이 있으면 주책이라고 하죠? 그러나 열정은 있어야 합니다. 40대에 꿈꾸면 주책이 되어버리는 이야기를 뒤집으면 스토리가 됩니다. 자기가 선택하지 못한 길은 누구나 후회하기 마련이죠. 가지 않은 길에 대한 출입문보다 중요한 과정을 거쳐 끝을 봐야 내 것이 될 수 있습니다. 독기는 인생의 몇 년뿐이라고 합니다. 자신의 가능성을 알아보는 것, 한계상황에 부딪혀보는 것은 매우 중요한 일입니다. 사람들은 미련은 남지만 우물쭈물하는데, 꿈틀거리기라도 해봐야 합니다. 행복이란? 내가 무언가 하고 싶은 일이 있을 때, 할 수 있을 때 과정, 그것 자체가 축복이고 행복입니다."

나는 그녀의 말에 깊이 공감했다. 그리고 그녀의 말대로 인생에서 몇 년뿐인 독기를 한번 뿜어보기로 했다. 한계상황에 한번 부딪혀보기로 한 것이다.

제일 먼저 그동안 수없이 되뇌어온 '행복'이 무엇인지 알아가기로 했다. 나이와 상관없이 하고 싶은 일이 있다는 건 이상할 일이 아니다. 오히려 감사할 일이다. 축복받을 일이고 행복한 일이다.

"나는 작가가 되고 싶다. 강의를 하고 싶다. 내 책과 강의 제목은 '행복', '친절', '독서', '은퇴'… 이다."

꿈이 생기자 하루하루가 행복해졌다. 꿈꾸고, 그 꿈을 이루기 위해 공부하고, 꿈을 향해 한 걸음씩 나아가는 과정에서 진정한 나를 찾아간다. 다시 꿈꾸는 삶, 나만의 일. 나는 오늘도 행복한 꿈을 꾸며 산다.

당신의 꿈은 무엇인가? 하고 싶은 것은 무엇인가? 세계여행, 작가, 부자, 메신저, 어떤 일이든 상관없다. 중요한 것은 그 일을 하려고 하는 마음과 열정이다. 되고 싶고 하고 싶은 일을 하며 사는 것만으로도 당신은 행복할 수 있다. 살아가는 일에 급급해 미처 생각하지 못했던 당신의 꿈, 당신이 진정으로 가고 싶었던 그 길을 도전해 봐야 할 때다. 그 길에는 누구의 의견도 필요치 않다. 오직 당신만이 그 답을 알고 있기 때문이다.

## 02

# 당신의 가슴을 뛰게 하는 일은 무엇인가?

기대를 지닌다는 것,
이것이 곧 행복이다.
- 알랭 -

　기회의 여신에 대한 이야기를 들은 적이 있다. '오카시오'라는 이름의 이 여신은 생김새가 굉장히 특이하다. 앞머리에는 숱이 많지만 뒷머리는 대머리에다가 발에 날개가 달렸다. 기회의 여신은 왜 이런 기괴하고 충격적인 모습일까? 여기에는 이유가 있다.

　앞머리에만 숱이 많은 것은 사람들이 쉽게 기회를 낚아챌 수 없게 하기 위함이고, 뒷머리가 대머리인 것은 지나가 버린 기회는 다시 잡지 못하게 하기 위함이라고 한다. 또한 발에 날개가 달려있는 것은 아주 빨리 사라지기 위해서라고 한다. 그러므로 기회는 왔을 때 재빨리 눈치를 채고 잡아야 한다. 그렇지 않으면 금세 달아나버려 다시는 잡을 수 없다는 것을 기회의 여신은 생김새로 알려 주고 있다. 이렇게 재빨리 도망가는 기회의 여신을 잡으려면 늘 준비하고 있어야 한다. 지금 이 순간에도 기회가 왔다가 붙잡지 않은 주인을 원망하며 돌아섰을지도 모른다. 준비되지 않으면 알아차릴 수도 없고 보내버린 다음에 발을 동동 구르며 안타까워해 봤자 소용이 없다. 그러므로 우리는 늘 준비하고 또 준비해야 한다.

나는 공무원으로 사회에 첫발을 내디뎠다. 첫 직장에서의 일을 천직으로 알고, 그저 주어진 하루하루를 열심히 살았다. 배운 것도 많지 않고, 하고 싶은 일도 없었다. 아들 둘을 키우면서 이만큼 사는 것에 감사하며 지냈다. 현실에 안주하며 시간만 보내고 있었다. 한마디로 꿈이 없었다. 꿈이 무엇인지 생각해 보지도 않았다.

"생각하는 대로 살지 않으면 사는 대로 생각하게 된다."

프랑스 시인 폴 발레리의 말이다. 우리는 단 1초도 생각하지 않는 시간은 없다. 그리고 가끔 자신에게 질문한다.

'어떻게 하면 행복한 삶을 살 수 있을까?'

'나는 지금 이 순간 행복한가?'

이 질문에 나는 지금껏 흔쾌히 답하지 못했다. 오히려 이렇게 반문한 적도 많다.

'이게 뭐지? 지금까지 살면서 이런 생각을 몇 번이나 했지?'

늘 비슷비슷한 일상 속에서 이런 질문을 떠올리면 생각이 잘 나지 않는다. 공무원이라는 직업이 요즘은 고등학생들에게조차 선호되는 직업이라고 하지만 그때는 그리 좋은 직업은 아니었다. 월급도 얼마 되지 않았다.

내 첫 근무지는 영등포구(현재 구로구) 독산2동 동사무소(현재 주민센터)였다. 그곳에서 나의 직장생활이 시작되었다. 그 후 지금까지 20곳이 넘는 부서를 옮겨 다녔다. 나는 직장에서 삶의 변화를 꾀할 일이 별로 없었다.

그러던 2009년 어느 날이었다. 당시 나는 감사담당관 민원관리팀장을 맡고 있었다. 감사실에 있다 보면 업무상 무심코 지나쳐 버린 행동 때문에 발생한 민원으로 인해, 감사실에 불려와 경위서를 쓰는 직원들을 보고는 했다. 그 모습을 볼 때마다 안타까운 마음에 알려주고 싶다는 생각이 들었다. 그래서 생각한 것이 사내 친절교육이었다.

사실 민원창구 직원들은 애로사항이 많다. 행동 하나하나를 조심해야 하고 아무리 마음이 슬프고 힘들어도 웃어야 한다. 요즘 정신노동 문제가 각종 매체나 언론에 심심찮게 등장한다. 그들은 감정을 저 밑바닥에 묻어 두고 한결같이 웃어야 하고 상냥해야 하며 일은 완벽하게 처리해야 한다.

친절교육 강의를 하기로 한 뒤 나는 한 번도 해 보지 않은 강의를 준비하게 되었다. 이론은 잘 모르지만, 직원들의 애로사항을 진심으로 느끼고 알기에 그 마음은 잘 전달해 줄 수 있다는 자신감은 있었다. 그렇게 강의 준비를 하고 성공적으로 강의를 마칠 때면 뿌듯한 마음이 컸다. 그동안 20여 곳이 넘는 부서를 옮겨 다니며 일했지만 강의할 때처럼 행복하고 신난 적은 없었다. 직원들의 호응도 너무 좋았다. 그렇게 2년이라는 시간 동안 10번 정도의 강의를 하게 되었다.

한번은 보건소에서 직원을 반반으로 나눠서 친절강의를 해달라는 요청이 왔다. 처음에는 30분을 했으면 했다. 그래서 나는 정중히 말했다.

"30분 안에 내가 하고 싶은 말을 다 할 자신이 없으니, 강의시간을 50분으로 늘려주십시오."

제안은 받아들여졌다. 100여 명쯤 되는 보건소 직원을 대상으로 하기에 50명씩 나누어 2회에 걸쳐 교육을 진행하게 되었다. 강의가 끝나고 나오자 보건소장님이 한 말이 지금도 생생하다.

"정 팀장님, 조는 직원이 한 명도 없었어요. 너무 잘하셨어요. 재미도 있고, 유익한 시간이었습니다. 직원들도 집중해서 들으니 너무 좋네요."

직원들도 나를 볼 때마다 한마디씩 말을 건넸다.

"계장님, 강의 너무 재미있었어요. 저는 민원을 처리할 때마다 계장님 강의가 생각나요."

"강의 내용이 우리 상황에 너무 쏙 들어 맞아요. 우리 입장을 대변하는 것도요."

"끝에 '나는 행복합니다'라는 노래로 끝나는 것도 너무 좋았어요!"

사내강의는 늘 성공적이었다. 하지만 나는 이때가 기회였음을 알아채지 못했다. 그렇게 행복하고 좋은 강의였음에도 다시 일상으로 돌아갔을 뿐, 강의할 생각은 하지 못했다.

기회는 누구에게나 찾아와 주는 것은 아니다. 이때 내 꿈을, 내가 잘하는 것을 조금만 더 눈여겨보았더라면 인생의 방향이 바뀌었을지도 모른다. 그러나 꿈이 무엇인지도 모르고 직장 생활에 별 불만도 없었던 나는 제자리에 눌러앉아 버렸다. 기회는 그저 잠깐 스쳐 가는 바람 같은 것이었다.

그렇게 4년이 흘러 다시 꿈이라는 것을 생각하게 됐다. 그 후 나는 4년 동안 정말 열심히 책을 읽고 강의를 들으러 다녔다. 적어도 1,000개 이상의 강의를 들은 것 같다. 책도 많이 읽었다. 이제는 책을 읽고, 강의를 듣는 것에만 안주하지 않고 작가와 강연가가 될 날을 꿈꾼다. 꿈이 있기에 오늘도 나는 책과 함께, 강의와 함께 행복한 하루를 산다.

꿈은 어느 날 갑자기 찾아올 수도 있지만 아주 천천히 다가오기도 한다. 이때 잡아야 한다. 그리고 절박함이 그 진가를 발휘할 수 있도록 한 곳을 향하여 나아가야 한다. 무슨 일이든 성취하려면 온 힘을 다 쏟아부어야 한다. 사람들이 미쳤다고 할 정도로 빠져들어야 한다. 어떤 꿈을 꾸든 상관없다. 자신이 가진 모든 에너지를 쏟아부을 수 있는 꿈이면 된다. 전부를 걸어야 한다. 그래야 만족스러운 결과를 얻을 수 있다.

누군가는 말한다. 돈을 좇지 말고 가슴 뛰는 일을 찾으라고. 누구나 아는 사실이지만 가슴이 뛰는 일을 찾기란 쉽지 않다. 살면서 가장 가슴이 뛰었던 때는 언제인가 더듬어 봐도 딱히 기억나는 것도 없다. 누구나 좋아하고 가슴 뛰는 일이 있을 테지만 그것을 현실에서 찾기란 쉬운 일이 아니다. 그리고 현실의 벽을 넘기란 더욱 힘들다. 당장 다니는 직장을 그만두고 도전할 만한 가치 있는 일을 찾기도 어렵고, 찾았다고 해도 새로운 세계로 뛰어들기란 더 어렵다.

매일 똑같은 삶 속에서 권태로움을 느낀다면 이제는 바꿔야 할 때다. 삶에 의미를 부여하고 변화를 꾀하는 것이다. 변화는 생각보다 간단하다. 늘 같은 자리에서 익숙한 사물과 늘 만나는 사람들과의 만남을 조금은 멀리하고, 새로운 거리로 나와 새로운 사람들을 만나는 것이다.

가끔은 혼자가 되어보는 것도 꼭 필요하다. 그렇게 해야 다른 세계를 알게 되고 꿈꿀 수 있다. '이것이다!' 하는 가슴 뛰는 삶, 이것이 아니면 안 되는 절박함, 현실의 한계를 뛰어넘는 능력을 들여다보아야 한다.

지금까지의 나도 매일 똑같은 일상이 반복되는 상황에서 특별히 '이것이다' 하고 내세울 만한 것이 없었다. 한마디로 현실에 안주하는 삶을 살았다. 때로는 너무 쉽게 살아가고 있는 건 아닌지 의문이 들었다. 그러다 이루고 싶은 꿈에 절박했던 적이 있었는지 다시 한번 생각해 보았다.

삶이 변화하기를 바란다면 가장 먼저 지나온 삶을 돌아보는 일부터 해야 한다. 그리고 현재를 들여다볼 줄 아는 안목도 있어야 한다. 미래를 내다볼 수 있는 통찰력도 필요하다. 어제보다 조금 더 나은 삶, 오늘보다 또 조금 더 나은 내일을 살기 위해서는 마음속에 미래의 그림을 그릴 줄 알아야 한다.

우리는 누구나 따뜻한 가슴을 가진 사람들이다. 당신도 마찬가지다. 가슴 뛰는 일을 하지 말란 법이 있는가! 자신에게 주는 메시지는 가슴 뛰는 일을 통해서 온다. 지금부터라도 당장 가슴이 뛰는 일을 하라.

## 03

# 조금 늦어도 괜찮다,
# 나만의 길을 가라

풍파가 없는 항해, 얼마나 단조로운가!
고난이 심할수록 내 가슴이 뛴다.
- 니체 -

"어려서 배우면 커서 이루는 것이 있고, 커서 배우면 늙어도 쇠하지 않으며, 늙어서 배우면 죽어도 썩지 않는다."

90세를 넘어서도 변함없이 현역으로 활동하고 있는 일본 작가 도야마 시게히코가 쓴 《자네 늙어봤나 나는 젊어봤네》에 나오는 내용이다. 이 글은 그가 직접 쓴 것은 아니고, 사토 잇사이라는 유학자가 《언지사록》이라는 수상록에서 남긴 말이라고 한다.

책에서 저자는 "늙어서 배우면 죽어서 썩지 않는다."는 말이 참으로 멋지다고 서술하고 있다. 이는 우리에게도 많은 것을 시사한다. 보통 나이가 많으면 늙었다고 생각하고 더는 배우려 하지 않는다. 배움은 젊은이들의 특권이라 생각하기도 한다. 꿈도 마찬가지다. 나이가 많다고 늙은 것인가? 아니다. 꿈을 잃어버렸을 때 배움을 계속하지 않을 때가 비로소 늙었다는 표현을 할 수 있다.

저마다 꿈을 갖는 시기의 차이는 존재한다. 늦게라도 꿈을 찾아 자신만의 길을 걸어가기도 한다. 실제 환갑을 지난 나이에도 꿈을 잃지 않고 자신만의 길을 꿋꿋하게 걸어간 이들은 많다.

40대에 스타강사가 된 유수연, 70대에 시집 《치자꽃 향기》를 펴낸 진효임 할머니, 99세에 《약해지지 마》라는 시집을 펴내 세계적으로 100만 부 이상의 판매기록을 세운 일본의 시바타 도요 할머니, 65세에 KFC 창업한 커넬 할랜드 샌더스 등 수없이 많다.

나 역시 꿈을 찾은 뒤 그 꿈을 향해 나아가고 있다. 이전의 나는 직장과 가족에 매인 생활 외에 밖으로 한 발짝도 내디뎌 본 적이 없었다. 하루하루 직장을 다니는 일 외에 다른 무언가를 할 생각조차도 못했다.

어느덧 시간은 흘러 내 나이 50대 후반이 되었다. 누군가는 늦었다고 말하지만, 나는 꿈을 꾸고 배우며 목표를 향해 달리고 있다. 남들이 하는 말처럼 꿈을 꾸기에 무언가를 다시 시작하기에 늦었다고 생각하지 않는다. 물론 내 꿈이 이루어질지는 아무도 모른다. 미래를 확실하게 알 수 있다면 인생이 재미없지 않을까?

사람들은 목적지에만 집중하는 경향이 있다. 산을 오를 때도 정상만을 보고 올라간다. 꽃도 보고 나무도 보면서 가면 훨씬 더 즐겁게 정상에 도달할 수 있다. 올라가는 과정을 즐겨야 한다. 꿈을 향해 가고 있는 그 순간을 즐겨야 한다. 나는 지금 즐겁고 행복하다. 그리고 나는 이미 작가다. 지금 세 번째 책을 쓰고 있지 않은가?

한 사람의 이야기를 더 들어 보자. 다음은 2016년 4월 22일자 〈서울신문〉에 실린 기사다. 27년 동안 직장생활을 하다가 51세에 사표를 내고 인생 2막으로 여행을 선택한 《숲에서 다시 시작하다》의 저자 박재희 여행작가의 이야기다.

그녀는 어느 날 자신도 예외 없이 퇴직의 순서를 밟고 있음을 발견했다. 미래에 대한 두려움이 밀려와 사표를 내고 여행의 길로 접어들었다. 그리고 책을 썼다. 기자가 그녀에게 27년간 업으로 삼은 세계를 떠나기로 한 이유를 묻자 그녀는 이렇게 답했다.

"열정이 사라진 게 가장 크겠죠? 어느 날 보니까 내가 그냥 하던 대로 하고 있었다. 재미있는 일이 언제부턴가 재미있지 않았다. 파국이 온 것 같은 느낌이었다. 더 늦기 전에 세상에서 내가 어떤 사람인지 알고 싶었다. 그 무렵 친한 친구의 갑작스러운 죽음도 영향을 미쳤다. 죽음을 생각하니 의외로 시간이 많지 않았다."

이어서 기자가 "여행을 하기엔 너무 늦은 나이가 아닌가?"라고 묻자 그녀는 다시 말했다.

"여행의 본질은 멀리 많이 다니는 게 아니라 '일상과의 거리

두기'라고 생각한다. 난 늘 창의적 문제 해결, 자유롭고 행복한 자신을 발견하는 방식에 관심을 가져왔다. 그 방법으로 여행만큼 좋은 게 없었다. 여행을 통해 걸러진 생각들을 다른 이들과 나눌 수 있다면 의미 있는 인생이라고 생각한다. 늦었다고 생각할 이유가 전혀 없다."

그렇다. 인생에서 꿈을 이루기에, 무언가를 시작하기에 너무 늦은 나이란 없다. 당신이 이루고 싶고 하고 싶은 꿈과 목표가 있다면 나이는 아무런 문제가 되지 않는다. 나이는 숫자에 불과하다는 이야기를 꺼내지 않더라도 지금 당신은 젊다.

세계 최장기 성인발달연구를 맡아온 미국의 정신과 전문의 조지 베일런트는 그의 저서인 《행복의 조건》에서 나이가 많아 늦었다고 생각하는 이들에게 일침을 가한다.

"인생도 여행이나 마찬가지다. 여행이 다 끝나갈 무렵, 피로에 지쳐 발걸음은 점점 더 느려지겠지만, 시작점에 서 있을 때보다는 목적지에 훨씬 더 가까이 다가가 있을 것이다."

혹시 지금 나이 핑계를 대며 자신의 꿈을 접어두고 있는가? 분명 당신은 꿈을 놓치고 후회하게 될 것이다. 그러니 지금 바로 당장 무엇이라도 시작해 보라. 꿈을 미루면서 나이 핑계를 댄다면 꿈이 당신을 원망할 날이 온다.

지나간 당신의 꿈을 아쉬워하며 후회하는 날이 올지도 모른다. 그러니 조금 늦어도 괜찮다. 꿈 따라 행복 따라 자기만의 길을 찾아라. 그리고 가라. 당신만이 할 수 있는 꿈을, 일을 찾아야 한다. 지금 당신이 앉아있는 그 자리가 언제까지 당신의 자리일 것 같은가? 언젠가는 누군가에게 내어 주어야 할 자리는 아닌지 생각해 보라. 그리고 이렇게 외쳐라.

"꿈을 꾸고 배움을 곁에 두며, 변화를 열망하기에 너무 늦은 나이란 없다!"

## 04

# 내 꿈의 주인은
# 정말 나인가?

행복한가 그렇지 못한가는
결국 우리들 자신에게 달려있다.
- 아리스토텔레스 -

이 나이까지 살아오면서 내 꿈의 주인이 정말 나였는지 생각해 볼 시간도 없었다. 아니, 꿈이 없었으므로 그 주인을 찾기는 더 우스운 이야기였다.

나는 강원도 산골에서 태어났다. 그리고 서울로 올라와 직장생활을 하며 지금까지 열심히 살아왔다. 내 꿈은 무엇이었을까? 기억해 보아도 꿈을 가진 적조차도 없다는 생각이 든다. 그냥 비슷한 하루를 살았다. 물론 열심히 바쁘게는 살았다. 아침에 일어나면 출근할 직장이 있었고 퇴근하면 쉴 수 있는 아파트도 마련했다. 이제 와 생각해 보니 아파트를 마련하기 위해 더 바쁘고 열심히 살아왔던 것도 같다.

첫 발령을 받고 서울로 올라와 자취할 때였다. 고단한 자취생활에 비빌 언덕을 찾아 오빠의 도움을 받고자 1톤 트럭에 짐을 실어 셋째 오빠네 집으로 들어가려 했다. 그런데 대문 앞에서 쫓겨났다. 나는 이때 빨리 내 집을 가지겠다고 다짐했다.

집이 갖고 싶다고 가져지는 것인가? 결혼하기 전에 나는 어쩔 수 없이 전셋집을 여러 번 옮겨 다니며 살았다. 그러다가 결혼을 하게 되었다. 당시 남편은 돈 500만 원을 친구에게 빌려주고 받지 못해서 그 대가로 22평 아파트 분양권을 가지고 있었다.

분양가가 1,300만 원이었다. 지금 시세로 보면 3억 원 정도의 가치가 있는 돈이었다. 나는 모든 결혼 예물을 아파트 중도금을 넣는 데 사용했다. 이렇게 해도 빚이 많이 남았다. 그래도 신혼을 아파트에서 시작할 수 있었다. 그것이 나의 첫 집이었다. 이렇게 내 돈보다 은행 돈이 더 많이 들어간 집을 사게 된 것이다.

몇 년 전의 일이다. 옆 팀의 팀장이 중랑구에 집을 샀다고 했다. 집들이를 하라고 하자 그 팀장은 지금은 못 한다고 말했다.

"집 샀으면 집들이를 해야 잘 산다는데 하지그래."

"응, 사실은 집을 사기는 샀는데 아직 거실하고 안방이 우리 집이 아니야. 그래서 못해."

"그게 무슨 소리야?"

"집의 반 이상이 은행 거야."

내 것이라고 생각하지만, 은행에 저당 잡혀 있는 집처럼 내 것이 아닌 삶을 살고 있을지도 모른다. 내 꿈이라고 생각하며 살고 있지만 진정 내 꿈이 맞는 것일까? 부모의 꿈 또는 남들이 선호하는 직장이기 때문에 다니고 있는 것이 아닌가? 한 번쯤은 생각해 봐야 한다.

이제는 자신이 진정으로 원하는 꿈을 다시 꾸고, 인생에 가치를 부여할 수 있는 삶을 살아야 할 때다. 한 번뿐인 인생을 가족의 눈치를 보며, 상사의 눈치만 보며 살 수는 없다. 지금까지 가족을 위해 살아왔다면, 또는 타인의 잣대에 맞춰 살아왔다면 지금부터는 나를 위해 한번 살아 보아야 한다.

물론 직장과 사회에 충실하며 바쁘게 사는 것도 중요하다. 그러나 진짜 중요한 것은 지금 자신이 하는 일이 얼마나 하고 싶어 했던 일인지, 가치 있는 일인지도 돌아볼 필요가 있다. 자신을 돌아볼 여유도 없이 꿈이 무엇인지 물어볼 여유조차 없이 열심히만 살아서는 안 된다는 것이다.

지금의 중년들은 대부분 앞만 보고 달려왔다. 주변을 보면 앞만 보며 자신의 전부를 걸고 열심히 일했지만, 회사는 그것을 알아주지 않는 경우가 많았다. 알아주기는커녕 벼랑 끝으로 내몰리기도 한다. 벼랑 끝에 서서 앞으로 더 나아갈 수도, 뒤로 물러설 수도 없는 비참한 상황에 놓이게 되는 것이다. 승진에서 밀리고 사업이 부도가 나며 많은 사람들이 좌절한다. 패배자와 무능력자로 낙인찍히는 것이다. 지나온 세월이 너무 허무하다. 보상받을 곳도 없다.

그럼 이제 어떻게 해야 할까?

직장을 다니든 개인 사업을 하든, 나이가 몇이든 미래를 준비해야 한다. 남의 꿈이 아닌 내 꿈을 찾아 또 다른 여행을 떠날 채비를 갖추어야 한다.

몇 년 전 직장과 가정에서의 극심한 스트레스와 허무감으로 수면제를 먹고 이틀 만에 깨어난 적이 있다. 농약을 입술까지 가져갔다가 버린 적도 있었다. 그런 중에도 나는 책을 손에서 놓지 않았으며 인문학 강의도 꾸준히 들으러 다녔다.

하루는 일요일에 강남역으로 강의를 들으러 가던 중이었다. 145번 버스를 타고 가고 있는데 성동구청 앞을 지나게 되었다. 보통 구청 현수막에는 지역사회에 대한 비전이나 공약이 쓰여 있기 마련인데 거기에는 이렇게 쓰여 있었다.

아직, 가장 빛나는 순간은 오지 않았다.
가장 뜨거운 순간은 아직 오지 않았다.
가장 행복한 순간은 아직 오지 않았다.
아직, 오지 않은 것은 너무나 많다.

나중에 안 사실이지만 이 문구는 마포대교 '생명의 다리'에 있는 자살 예방을 위한 위로의 문구였다. 얼마나 많은 사람들이 이

글귀에 위안을 받아 새 삶을 찾았는지는 알 수 없다. 이 글은 마음에 확 꽂히는 무언가가 있다. 그렇다. 우리는 아직 다 살지 않았다. 지금 살아 있다. 살아있는 모든 것은 아름답다. 아직 오지 않은 미래가 있기 때문이다. 미래는 아무도 알 수 없다. 지금보다 더 힘들 수도 있다. 그러나 우리는 희망이 있다. 더 나아질 것이라는 꿈이 있다.

현재의 나는 꿈이 있어 너무나 행복하다. 그리고 두 아들도 건강하게 잘 컸다. 큰아들은 뮤지션으로서 자신의 꿈을 잘 간직하고 키우며 열심히 산다. 둘째는 어릴 때부터 애니메이션을 유난히 좋아했다. 지금은 한국외국어대학교 일본어학부에 다니고 있다.

나는 아이들을 키우면서 커서 무엇이 되었으면 좋겠다고 말하지 않았다. 하고 싶은 일을 본인이 찾아서 가도록 했다. 내가 한 일 중에서 가장 잘한 일이라는 생각이 든다. 자신이 하고 싶은 일과 꿈을 가지고 살 수 있다는 것은 정말 행복하고 감사한 일이다.

우리 집 첫째 아이는 생선 알레르기가 있다. 어릴 때부터 생선을 먹지 못했다. 나는 아이 생각은 하지 않은 채 어떻게든 생선을 먹이기 위해서 여러 가지 시도를 했다. 생선을 안 먹으면 당장에라도 영양실조가 걸릴 것처럼 걱정했다.

초등학교 2학년 때였다. 하루는 동태를 살만 발라서 다시 삶아 밥 속에 섞어 김밥을 싸서 주었다. 나도 처음 해 보는 '동태김

밥'이었다. 아이는 처음에 냄새가 이상하다고 하더니 김밥을 워낙 좋아해서인지 여러 개를 먹었다. 그러나 잠시 후 갑자기 "욱" 하더니 먹은 것을 몽땅 토했다. 이로써 아들 생선 먹이기 프로젝트는 막을 내렸다.

이처럼 우리는 살면서 정말 하기 싫고 먹기 싫어 몸에서 거부해도 남들 눈치 보느라 또는 어쩔 수 없이 마음속에 품고 꾹꾹 누르며 살아갈 때가 있다. 꿈도 마찬가지다. 나는 이번에 책을 쓰면서 여러 사람들에게 지금 퇴직할 수 있다면 하고 싶은 일이 무엇인지 물어보았다. 의외의 대답이 많았다. 건축하고는 아무 상관도 없을 것 같던 어느 여직원은 집 짓는 것이 너무 좋다고 했다. 또 남자 직원은 요리사가 되고 싶다고도 했다. 이외에도 미니어처 제작, 서예, 도자기 전문가, 강사, 악기 한 가지 정복하기, 행복한 가정 꾸미기 등 대부분 가슴속에 꿈 한 가지씩 간직하고 산다는 것을 알았다.

꿈이 있다는 사실을 알았다면 이제는 할 일이 있다. 바로 꿈이 자랄 수 있는 토양을 만들어 주는 일이다. 지금까지 살기 위한 일들만 해왔다면 이제는 꿈을 돌볼 때가 되었다. 내 꿈이 정말 나의 꿈인지 다시 한번 확인하고 확신이 섰다면 행동해야 한다. 시간과 노력을 투자해야 한다.

꿈은 가만히 두면 그냥 꿈으로 끝난다. 울타리에 갇힌 동물원의 원숭이와 다를 바 없다. 지금 이 순간부터 당신의 꿈을 초원으로 보내라. 부딪히고 깨지더라도 거기가 당신의 꿈이 살 수 있는 곳이다. 초원 위를 뛰어놀게 하라.

그렇다고 지금 당장 사표를 내라는 이야기가 아니다. 생활은 해야 한다. 다만 조금씩이라도 준비하라는 것이다. 꿈은 어느 날 갑자기 이루어지지 않는다. 낙숫물에 바위가 뚫리듯 시간과 노력이 필요하다. 열심히 일해라. 그리고 지금 꾸고 있는 꿈이 정말 자신의 꿈인지 확인하고 진짜 꿈을 구출하라!

## 05

# 심장을 뒤흔드는
# 빅피처를 그려라

행복의 비밀은 자신이 좋아하는 일을 하는 것이 아니라,
자신이 하는 일을 좋아하는 것이다.
- 앤드류 매튜스 -

"이 세상에서 뭐든 될 수 있다면 무엇이 되고 싶니?"
"뭐든지 말이야?"
"그래. 더 이상 해면이 될 수 없다면 뭐가 되고 싶으냐고?"
"알았어. 음… 음….'
"……"
"음. 그렇다면 따개비가 되고 싶어!"

《행복에 걸려 비틀거리다》에 실린 '동물비스킷'이라는 만화의 한 컷이다. 미국의 심리학자이자 이 책의 저자인 대니얼 길버트는 이 만화를 보면 유쾌해진다고 한다. 이 대화에서 해면의 친구는

해면에게 무엇이든 다 이루어질 수 있을 거라 상상하고 자신이 되고 싶은 것이 무엇인지 말해 보라고 했다. 해면이 고심 끝에 생각해낸 것은 겨우 따개비(바다 바닥에 붙어사는 동물)였다.

이 만화는 무엇을 풍자하고 있는 것일까? 바로 우리 인간의 모습이다. 우리는 늘 한계를 넘으려고 시도는 해 보지만, 각자가 정해놓은 사각의 링에서 밖으로 나오기란 쉽지 않다. 만화에서처럼, 공상영화에서처럼 꿈은 상상을 초월하지만, 막상 현실에 부닥치면 뛰어넘기를 두려워한다. 큰 꿈을 그리기가 어렵다.

다음은 자신만의 큰 꿈으로 그 꿈을 이룬 소년들의 이야기다.

"나는 저 바다 끝에서 펼쳐지는 새로운 땅을 반드시 밟고야 말겠어!"

이탈리아의 한마을에서 어린 소년 크리스토퍼 콜럼버스가 꾼 꿈이었다. 먼바다를 바라보며 꿈을 꾼 소년은 드디어 그렇게도 염원하던 아메리카 대륙을 발견한다. 꿈 하나를 가슴에 품고 살아온 소년은 단 세 척의 배로 파로스 항을 떠났다. 그리고 역사적 대 발견을 실현시켰다. 바로 아메리카대륙의 발견이다. 이 원대한 발견은 작은 소년의 가슴에서 시작된 것이었다.

케냐 출신 흑인 아버지와 백인 어머니 사이에서 혼혈아로 태어났다. 부모님은 일찍이 이혼했다. 하와이에서 인도네시아로 갔다가 다시 하와이로 돌아왔다. 하지만 돌봐 주지 않는 부모, 따돌림, 인종차별, 술, 담배, 그리고 마약까지… 그러나 그는 다시 일어섰다. 유일하게 그를 지탱해 주었던 힘이 있었다. 바로 꿈이었다.

"꿈은 이루어질 수 없다고 부정했던 사람들은 기억하라. 나, 즉 오바마가 대통령이 된 것이 모든 이들의 꿈은 실현될 수 있다는 것을 보여준 것이다."

그렇게 오바마는 미국 최초의 흑인 대통령이 되었다. 모두가 불가능한 일이라고 했지만, 그는 꿈을 이루었다.

전 세계 500개의 체인망이 있는 힐튼 호텔의 설립자 콘래드 힐튼은 이렇게 말했다.

"내 꿈은 미국에서 가장 큰 호텔의 주인이 되는 것이다. 내가 호텔을 경영하리라고 믿는 사람은 나 자신뿐이다. 하지만 나는 반드시 내 꿈을 이룰 것이다."

한 사람의 가슴속에서 시작된 꿈은 신대륙을 발견하고, 흑인 최초의 미국 대통령이 되고, 500개 체인망이 있는 호텔의 주인이 되기도 한다. 그리고 때로는 세상을 바꾸기도 한다. 꿈은 커야 한다. 작으면 안 된다. 작은 꿈은 가슴이 뛰고 설레지 않는다. 그러니 꿈은 크게 가져야 한다. 한발 한발 그 꿈을 향해 나아가며 즐겨야 한다. 이미 이루어진 것처럼 상상하고 행복한 마음으로 나아가야 한다. 그래야 꿈이 현실이 된다.

　이제 와 무슨 꿈을 찾느냐고 너무 늦었다고 생각한다면 앞으로의 인생은 아무것도 바뀌지 않는다. 지금까지의 인생은 전반전에 불과하다. 후반전은 아직 시작종도 울리지 않았다. 스포츠 경기를 떠올려 보자. 축구나 각종 운동경기를 할 때 전반전에서 상대에게 졌다고 후반전은 시작도 해보지 않고 포기하는 경우를 본 적이 있는가? 전반전에서 졌다면 후반전에서 역전승을 노릴 것이다. 그런 희망이 없다면 경기를 할 필요도 없다.
　전반전에 졌지만 후반전에 역전승하는 스포츠 경기를 보면 짜릿함을 느낀다. 야구경기에서 종종 '야구는 9회 말 2아웃부터 시작이다'라는 말을 한다. 겨우 타자 한 사람이 남았음에도 절대 포기하지 않는다는 의미다. 이것이 야구다. 야구경기도 이럴진대 인생경기는 더욱 해볼 만하지 않겠는가!
　인생의 전반전에서 졌다고 해서 후반전도 반드시 지는 것은 아니다. 오히려 40대, 50대에 자신의 꿈을 찾아 멋지게 후반전을 즐기는 사람들도 많다. 주저앉지 말고 다시 한번 뛰어보자. 이번에는 남의 꿈이 아닌 내 꿈과 함께. 그 꿈을 믿을 사람은 오직 당신 자신뿐이다. 꿈꾸는 사람만이 앞으로 나아갈 수 있다. 그리고 이룰 수 있다.
　커다란 꿈은 자신을 뛰어넘는 한계를 극복하기도 한다. 잠자고 있던 당신의 재능이 무한대로 발휘될 수도 있다. 꿈꾸지 않으면 이루어지지 않는다. 그리고 크게 꿈꾸어라. 처음부터 고양이를 그린 사람은 절대 호랑이를 그릴 수 없다.

"번트자세로 홈런을 칠 수는 없다."

처음부터 목표가 번트이기 때문이다. 물론 나를 희생해 팀을 살리는 정신은 높이 사야 한다. 하지만 홈런을 치고 싶다면 당당히 방망이를 높이 들어라. 그리고 쳐라. 한 번뿐인 당신의 인생, 고양이를 그리지 말고 심장을 뒤흔드는 빅피처를 그려라!

## 06

# 자기 삶의 혁명가는
# 자기 자신이다

고락이 교대하여 흘러가는 동안에
숭고한 정신을 얻게 되는 것이 인생의 모습이다.
- 《채근담》 -

    사람들은 변화를 두려워한다. 지금 앉아있는 자리에서 아무 일도 일어나지 않기를 바란다. 제자리에 있으면 편안한 삶을 이어 갈 수는 있을 것이다. 이는 고여 있는 물과 같기 때문이다. 지금의 삶도 중요하지만, 또 다른 나의 능력을 한번 시험해 보는 것도 자기 삶의 혁명을 꾀하는 작은 수단이라고 생각한다.

    나는 5남매의 막내딸로 태어났다. 부모님 나이가 많은 탓에 응석받이로 자랐다. 여섯 살 때까지 엄마 젖을 먹을 정도였다. 그리고 나는 초등학교 3학년 때까지 말더듬증이 심했다. 성격도 급한 데다가 빨리 말하려고 하니 말이 잘 나오지 않았다. 친구와 싸움이라도 할 때면 더듬느라고 친구가 두 마디를 하면 나는 한마디도 못 끝낼 때가 허다했다.

둘째 오빠는 이런 나를 무척 걱정했다. 내 걱정을 많이 해주는 고마운 오빠다. 엄마가 49세에 나를 낳았을 때도 걱정이 많았다고 한다.

한번은 학교에서 이런 일도 있었다. 옆에 앉은 짓궂은 남학생이 자꾸만 내 책상에다 낙서를 하고 침을 뱉었다. 선생님께 일러바쳐야겠는데 말이 잘 안 나왔다.

"서서서서 서~언생님요. 얘얘얘가 내내 채~책상에다 치치~임을 뱉어요."

아이들이 킥킥대고 웃었다. 이렇게 나는 놀림을 많이 받았다. 오빠는 내 말더듬이를 고쳐주기 위해 무척 노력했다. 내가 "어~엄마!"하고 부르면 "영자야, 어~엄마 하지 말고 한 자씩 말해 봐. 자, 따라 해 봐. 엄. 마. 이렇게." 나는 오빠의 사랑과 어른들의 도움으로 차츰 좋아졌다.

5학년 때는 선생님이 웅변대회에 나를 추천할 정도로 아주 좋아졌다. 웅변대회에 나가기 위해 선생님과 학교 뒷산에 올라가 웅변연습을 무척 많이 했었다. 그러나 아쉽게도 선생님이 깜박하고 군청에 접수하는 것을 잊어버리는 바람에 대회에는 나가지 못했다. 대회에 나가지는 못했어도 선생님과 했던 웅변연습으로 말하는 것에 자신감을 찾게 되었다. 지금도 그때 외운 '나는 공산당이 싫어요!'라는 웅변 원고 첫머리를 생생하게 기억하고 있다.

지금도 말을 처음 시작하는 발음에 'ㄷ'이 들어가면 잘 안 된다. 의도적으로 다른 단어로 바꾸거나 더듬거리며 말하는 버릇이 있다.

이제 일반대화에서는 별 어려움이 없다. 다만 강의할 때는 혹시 이 버릇이 나올까 싶어 첫 음에 'ㄷ'이 들어가지 않게 세심한 주의를 기울이곤 한다. 어릴 적 지독한 말더듬증이었던 내가 지금은 완전히 달라졌다. 사람들 앞에서 잘 웃기고 유머도 곧잘 한다. 나는 책에서 읽고 본 것들을 사람들에게 말하는 것을 좋아한다.

50년이 넘는 세월을 사는 동안 축적된 경험과 4년 동안 치열하게 읽은 책의 지식이 융합되어 이제 입력된 내용을 출력하고 싶은 걸까? 문득 이런 생각이 들었다.

'하고 싶은 말을 그저 흘러가는 말로 풀어내는 것이 아니라 글로 한번 써볼까?'

나를 향한 작은 물음이 작가가 되기로 결심하게 된 계기가 되었다.

그동안 직장에서 친절강의와 음식점 영업주를 대상으로 하는 '농수산물 원산지'에 관한 강의를 맡아 했다. 호응도 좋았다. 나는 강의할 때 재미있게 하려고 이런저런 고민을 했다. 그래서 이름을 '정 영자'에서 받침을 빼고 '저 여자'로 소개하곤 했다.

얼마 전 사무실에서 일을 하고 있는데 다른 용무로 찾아온 50대의 남자분이 나를 보더니 이렇게 말했다.

"저 여자 여기 계시네."

직원들이 강의를 얼마나 잘했으면 저렇게 알아보시냐고 나를 치켜세웠다. 나도 은근히 기분이 좋았다. 사무실 옆 순댓국집 점원이나 가끔 가는 참치집 매니저 등이 나를 알아보고 "저 여자 강사님 오셨네요!" 하면서 반갑게 맞아주는 일이 종종 있다. 이런 일이 있을 때면 나도 모르게 기분이 좋아졌다. 그리고 그때마다 나를 격려해 주고 본인 일보다 더 기뻐해 주는 동료가 옆에 있어 행복했다.

지금까지는 이렇게 작은 것에 만족하며 앞으로 나아가지 못하고 살았다. 그러나 이제 나는 생각의 틀을 벗어버리고자 한다. 제1의 인생이 직장에서의 안정되고 안락한 삶이었다면, 제2의 인생은 다른 삶을 살고 싶었다. 나의 특기를 살리고, 살아오며 쌓은 경험, 그동안 읽은 책, 강의에서 배운 깨달음 등의 재료를 버무려 작가, 그리고 강연가로서의 삶을 살기 위한 제2의 인생을 꿈꾼다. 내 삶을 꿈으로 채우고 그 꿈을 이루기 위해 남은 열정을 쏟아붓고자 한다.

사람은 자신이 어떤 일에 재능이 있다고 해도 이를 알아채지 못하고, 설령 알아챘다 하더라도 행동하지 않기 때문에 늘 지금 있는 자리에 머무르게 된다.

배가 항구에 매여 있는 이유는 저 먼바다로 떠나기 위함이다. 떠나지 않는 배는 이미 배가 아니다. 움직이지 못하는 바위와 다를 바 없다. 항구를 떠나 바다 위를 달려야 그것이 진짜 배다. 도착지를 알 수 없는 끝없는 여정일지라도, 험한 파도가 기다리고 있는 망망대해로 나아가야 한다. 그것이 진짜 배다.

세상 사람들을 모범생과 문제아 두 부류로 나눈다면 나는 모범생이었다. 세상은 주어진 환경에 자신을 잘 맞추면 모범생이라 이름 붙이고, 주어진 환경을 자신에 맞게 바꾸고 싶어 하는 사람을 문제아로 취급하는 경향이 있다. 그래서 모든 변화를 꾀하고 혁신을 일으키는 사람, 즉 혁명가는 문제아가 많다. 문제아들은 세상을 바꾼다.

인간의 삶이란 가문, 전통 또는 혈통으로 결정되는 것이라고 믿는 일들이 참 많다. 그러나 다시 생각해 보라. 삶이란 자기 생각과 말, 행동으로 만들어가는 개인의 창조물이 아닌가!

자신이 선택한 삶을 살려는 뚜렷한 목표의식과 그것을 꿈으로만 간직하지 않고 행동으로 실천하려는 강한 확신, 다시 말해 원하는 삶을 살려는 의지가 있어야 한다.

고전 《돈키호테》의 주인공 돈키호테가 처한 환경을 생각해 보자. 편력기사의 세계가 이해되지도 용납되지도 않는 때였다. 그런 환경에도 불구하고 그는 자신이 꿈꾸는 이상을 실현하기를 원했다. 꿈을 행동으로 옮겼다. 소설 속 돈키호테는 지금도 많은 이들에게 꿈과 희망을 주는 인물로 회자되고 있다. 고전으로서의 명성을 이어가고 있는 《돈키호테》의 작가 세르반테스는 자신의 존재와 세상에 전하고자 하는 메시지를 소설 속에 담았다.

나 역시 책 속에 메시지를 담고자 한다. 치열하게 책을 쓰고 작가, 강연가가 되어 꿈꾸고자 하는 사람들, 행복을 찾는 사람들 그리고 세상을 향해 하고 싶은 말이 있는 사람들에게 다가갈 것이다.

우리는 미래를 알 수 없다. 50대의 아줌마가 미래를 말하면 사람들은 웃을지도 모른다. 그저 같이 뛰어갈 사람이 한 사람만 있어도 좋다. 그러나 내 목덜미를 잡는 사람은 없었으면 하는 바람이다. 가는 도중에 주저앉아 울 수도 있다. 그래도 나는 다시 일어설 것이다. 반드시 목적지에 도착할 것이며, 결과가 아닌 과정을 즐길 것이다. 행복하게 달려갈 것이다.

무엇인가 이루기 위해서는 자신을 뛰어넘어야 한다. 작은 미련이라도 남겨두고 커다란 변화를 기대할 수는 없다. 외줄도 타고 물 위도 걷는 모험이 당신을 기다리고 있을지라도 그곳으로 달려가야 한다.

## 07

# 이제
# 다시 시작이다

최후에 웃는 자가
가장 행복한 사람이다.
- 디오게네스 -

　자동차 운전을 하다 보면 너무 빨리 달리다가 주변의 아름다운 풍경을 보지 못할 때가 많다. 속도감 때문에 멈출 수도 없다. 그렇게 달려 목적지에 잘 도착하는 사람이 있는 반면, 예상치 못한 사고가 날 수도 있다. 아니면 다른 사람들의 잘못으로 더 이상 길이 보이지 않을 때도 있다. 목적지에 도착했다고 문제가 완전히 해결되는 것은 아니다. 다른 이의 눈에는 행복해 보이는 사람도 정작 본인은 행복하지 않다고 느끼는 경우도 많다.

　'번아웃 증후군(burnout syndrome)'이라는 말이 있다. 한 가지 일이나 직장에만 올인하던 사람이 극도의 피로감으로 인해 무기

력증 및 자기혐오에 빠지는 증상을 일컫는다. 좌절감이나 고통은 살면서 누구나 겪을 수 있는 삶의 통과의례 같다.

'도대체 왜 나에게만 이런 고통이 따르는가?'

'다른 사람들은 모두 잘 살고 있는데, 왜 하필 나에게만 이런 일이 있는가?'

'나는 왜 거꾸로 선택되었는가?'

문득 이런 반문이 들 때가 있다. 그렇다면 인생의 위기라는 뜻이다. 잘 지나가야 한다. 고통을 견뎌내는 것이 아니라 잊으려고 하는 것도 문제가 있다. 더 고통스럽기 때문이다. 가장 손쉽게 잊을 수 있는 술이나 마약에 빠져서는 안 된다. 이는 잠시 고통을 잊게 해줄 뿐, 해결책이 되지는 못한다.

나도 한때 극심한 스트레스로 번아웃 증후군에 빠진 적이 있다. 열심히 일했다고 생각했지만, 세상일이라는 건 역시 마음먹은 대로 되지 않는 것이었다. 나는 좌절했다. 더 이상 살고 싶지 않았다. 엄마가 보고 싶었다.

엄마는 내가 열아홉 살 때 하늘나라로 가셨다. 고향인 강원도 영월에 오빠 두 분이 살고 계신다. 부모님 산소에도 갈 겸 나는 1년에 두세 번씩 다녀오곤 했다. 그래도 그곳에 가면 어릴 적 행복했던 기억들이 되살아나 마음이 한결 가벼웠다. 또 올라갈 때는 오빠와 언니들이 직접 재배한 귀한 농산물들을 잔뜩 챙겨주셔서 자동차 트렁크를 꽉 채워가곤 했다.

몇 년 전 어느 해 가을이었다. 단풍이 참 예쁘게도 물들어 있었다. 그러나 나는 단풍이 예쁘지 않았다. 엄마도 보고 싶고, 우울한 마음도 달랠 겸 오빠와 올케언니가 있는 영월 집에 전화를 걸었다.

"오빠, 오늘 집에 갈게요!"

허락 겸 통보를 하고 자동차 핸들을 꺾어 고향으로 향했다. 오빠들과 올케언니들은 이번에도 어김없이 나를 따뜻하게 맞아 주었다. 부모님이 돌아가신 후 나는 오빠들 내외를 부모님처럼 생각하며, 힘들거나 어려운 일이 있을 때면 찾곤 했다. 둘째 언니는 이번에도 감자전, 부추전 그리고 갖은 나물들을 맛있게 만들어 주었다. 사랑이 넘치는 밥상이었다.

아침 식사를 마치고 언니들이 챙겨준 김치통을 차에 실었다. 막내 언니는 어렵게 농사지은 나물, 대추, 마늘, 감자 등을 매번 많이도 챙겨 준다. 늘 고맙다. 나는 이것들을 담을 봉지를 찾기 위해 마당에 있는 창고로 갔다. 전에는 소를 키우던 외양간이었으나 지금은 창고로 쓰이는 곳이다.

창고에서 봉지를 챙겨서 나오다가 구석에 있는 종이상자 하나를 발견했다. 상자 안에는 비타민 음료병보다 조금 큰 병들이 담겨 있었다. 농약이었다. 가만히 들여다보다가 무엇에 홀린 듯 그중

한 개를 검정 봉지에 넣었다. 그리고 서울로 왔다.

　식구들이 모두 잠든 밤이었다. 나는 와인 잔을 하나 챙겨 서재로 갔다. 서재는 내가 가장 사랑하는 장소다. 다 읽지 못했지만 사방이 책으로 둘러싸여 있는 이곳이 좋다. 그곳 한가운데에 찻상을 펴놓고 앉았다. 찻상 위에는 고향 집에서 가져온 농약이 봉지에 싸여 있었다. 봉지 안에 있는 병을 꺼내어 뚜껑을 열어 와인 잔에 따랐다. 한참을 들여다보았다. 지나간 일들이 머릿속을 하나하나 스쳐 갔다.

　20년 전 난초에 넣기 위해 산 농약을 마시고 먼저 저세상으로 떠난 동료도 생각났다. 동료의 묘지에 가서 '야, 넌 좋겠다. 이 꼴 저 꼴 안 보니!' 하며 하소연했던 것도 떠올랐다. 우울한 기운이 감돌았다. 지금껏 살면서 행복했었던 기억보다는 슬프고 어려웠던 때가 더 많은 것 같았다. 그리고 가장 오랫동안 나를 괴롭혔던 사건들이 하나하나 떠올랐다.

　'계속 이렇게 살아야 하나? 자존감도 없이 이렇게 사는 것이 인생인가? 내가 더 살아야 할 이유가 있나?'

　머릿속을 가득 채운 질문에 답을 하지 못하던 나는 천천히 와인 잔을 들었다. 코로 가져갔다. 냄새가 났던가? 기억이 잘 나지 않는다. 그리 역하지는 않았던 것 같다. 와인 잔을 입술에 댔다. 그리고 잔을 기울였다. 이걸 삼키면 나는 편안해질 것이다. 눈을 감았다. 얼마의 시간이 흘렀을까? 몸이 한번 떨렸다. 그 순간 흠칫했다. 내가 지금 뭐 하고 있나! 두 아들의 얼굴이 나타났다. 조카들의 얼굴도 하나하나 떠올랐다.

돌아가신 부모님, 오빠와 언니들, 찜질방 친구, 술친구 4인방, 나이는 나보다 10년은 어리지만 내가 외톨이가 되어도 곁을 떠나지 않을 친구들, 나를 끔찍이도 챙겨주던 여직원까지 생각났다.

나는 혼자가 아니었다. 갑자기 오기가 생겼다. 이대로 끝낼 수는 없었다. 나를 사랑하는 사람들, 내가 사랑하는 사람들을 실망시킬 수는 없었다. 아니, 그보다는 살고 싶었다. 나는 다시 살기로 했다. 살아내기로 했다. 어떤 모욕도 비난도 견뎌내기로 했다. 나는 재빨리 와인 잔에 잠긴 액체를 변기에 흘려보냈다. 그리고 잔은 다음날 산산조각이 난 채로 비닐봉지에 겹겹이 싸여 쓰레기와 함께 버려졌다. 이로써 나는 다시 태어났다.

'인간은 고통이 문제가 아니라 고통의 의미가 없는 것이 문제'라는 문구가 떠올랐다. 고통을 벌이라 생각하는 것이 문제라는 것이다.

"도대체 내가 뭘 잘못했기에 신은 나에게 이런 고통을 주는 거지?"

나는 사람을 죽이지도 않았고 누구를 죽일 만큼 미워하지도 않았다. 그리고 열심히 일했다. 그런데 왜? 여기까지 생각하다가 이런 생각들을 하나하나 지워나갔다. 그리고 잘못했던 일들을 떠올랐다. 잘못했다기보다는 선택의 문제였다. 흐르는 강물에 같이 흐르지 못하고 역류한 것, 좀 더 사람들을 배려하지 못한 것 등 머릿속을 맴돌던 일들이 하나하나 떠오르고 나름의 정리가 되기 시작했다. 답을 찾아가자 마음속에서 뜨거운 무언가가 떠올랐다. '시작'이라는 단어였다. 고통을 넘어서서 희망을 찾았다.

이제 다시 시작하려 한다. 그리 쉽지만은 않을 것이다. 어떤 노력에도 불구하고 찾아오는 질병이나 늙음, 그리고 죽음은 어쩔 수 없지만 내가 내 힘으로 통제할 수 있는 것은 한번 해 보기로 마음먹었다. 그리고 다시 책을 집어 들었다. 강의를 들었다. 읽고 또 읽고, 듣고 또 들었다.

살면서 고통 속에 내던져진 순간이 있었나? 사람들이 온통 미워 보일 때는? 세상이 온통 까맣게 보일 때도 있었을 것이다. 사는 것이 의미가 없어질 때가 있다. 어제와 똑같은 오늘, 오늘과 똑같을 내일. 바로 이때다. 세상에 눈을 뜨고, 진정한 내 삶을 살아갈 기회는 바로 지금이다.

"가장 큰 시련의 순간에 행하는 것이 최대의 성공이 될 수 있다."는 말이 있다. 그러니 하고 싶은 일을 찾아야 한다. 세상에는 직업도 많고 취미로 삼을 것도 너무나 많다. 당신이 할 수 있는 일을 생각해 보라. 자신이 어떤 것을 좋아하고 잘하는지 알 수 없다면 마음에 드는 것으로 한 가지씩 해 보면 찾을 수 있을 것이다.

그리고 그것을 찾는 순간 외쳐라.

"과거는 지나갔다. 쓸데없는 것을 비켜라! 나는 이제 다시 시작한다. 내 인생은 지금부터다!"

만약 과거 속 고통에 얽매여 힘들어하고 있다면 나의 휴대전화 번호인 010·8355·2311번으로 연락해 보라. 불행한 과거를 비워내고 행복한 미래를 꿈꾸는 방법을 가르쳐 줄 것이다. 모든 것의 답은 '나'라는 것을 기억하고 내 안에서 답을 찾아야 자신의 행복한 인생을 맞이할 수 있다는 것을 잊지 말자.

## 08

# 진짜 인생은
# 지금부터다

최후의 승리는 인내하는 사람에게 돌아간다.
인내하는 데서 운명이 좌우되고, 성공이 따르게 된다.
- 나폴레옹 -

 

평생 물속에서 살아온 멸치와 오징어는 물을 벗어나 뭍으로 나오자 마른안주의 대명사가 되었다는 이야기가 있다. 나, 정영자, 평생 '공무원 정영자'로 살아왔으나 이제 '작가 정자영'으로 살아갈 것이다. 작가의 대명사가 될 것이다. 강연가의 대명사가 될 것이다. 나의 진짜 인생은 지금부터다. 상상하면 현실이 된다고 한다.

"당신은 지금 늦었다고 생각하고 계십니까?"
"그대, 인생을 얼마나 산 것 같은가?"
"사람이 태어나서 죽을 때까지를 24시간에 비유한다면, 그대는 지금 몇 시쯤을 살고 있는 것 같은가?"

나는 이러한 말들을 되새기며 지금 작가가 되려고 한다. 아니, 이미 되었다. 벌써 세 번째 책을 쓰고 있다. 내가 글을 써본 것은 초등학교 2학년 때 지은 시가 처음이다. 제목은 '쓰레기통'이었다.

쓰레기통은 쓰레기통은 가난한가 봐!
언제나 헌 물건만 가지고 있어요.
쓰레기통은 쓰레기통은 마음도 좋아!
헌 물건만 주어도 반갑게 받아요.

이 시는 지금 봐도 괜찮게 짓지 않았나 혼자 생각해 본다. 어릴 때는 글과 친했던 것 같다. 초등학교 3학년 때는 영월군에서 개최하는 백일장에 반 대표로 나가서 상을 타기도 했고, 5학년 때는 단테의 《신곡》을 읽고 객관식 문제를 맞히는 대회에 나가기도 했다. 졸업 후에는 글 쓰는 것과는 거리가 먼 생활을 해왔다.

지금 이렇게 책을 쓰게 되기까지는 많은 다짐과 용기와 노력이 있었다. 퇴직을 몇 년 앞두고 나는 퇴직하고 무엇을 하며 살까 고민했었다. 처음에는 너무 늦지 않았나 하는 생각도 들었다. 그런데 어느 책에서 본 '인생시계'가 생각났다. 내 인생시계를 하루에 비유했을 때 몇 시나 될까 하고 계산해 보았다. 요즘은 평균수명이 길어지니 90세로 놓았을 때 내 시계는 오후 3시쯤 되었다.

당신의 인생시계는 지금 몇 시인가? 분명 아직은 많은 시간이 남았을 것이다. 다만 이 시간들을 얼마나 의미 있게 사용하느냐가 문제다. 남은 인생에서 1년만 놓고 보았을 때도 결코 짧은 시간이 아니다. 무엇이든 즐길 수 있다. 1년이라는 시간 동안 여행도 갈 수 있고 취미도 한 개쯤은 배우기에 충분하다. 책과 함께 지내기엔 너무나 충분한 시간이다.

7년 전쯤이었다. 두 아이를 데리고 직장동료들과 함께 중국 장가계를 여행했다. 여행사에서 같이 간 멤버 중에는 70세가 넘은 노부부도 있었다. 연세 탓에 장가계와 황룡굴도 가지 못하여 아쉬웠지만, 참 보기 좋았다. 이렇게 나이가 지긋해도 여행을 다니는 분들이 참 많다. 나이가 아무리 많다고 해도 여행이든 무엇을 다시 시작하든 용기를 낸다는 것은 아름다운 일이다.

내 삶의 주인은 바로 나 자신이다. 나이가 많다고 포기하는 사람들이 너무나 많다. 늦었다고 생각해서는 안 된다. 만약 늦었다고 말하는 사람이 있다면 나에게는 아직 남은 인생이 많다고 당당하게 말해야 한다. 다른 사람의 의견을 좇아 내 삶을 사는 것은 인생을 낭비하는 일이기 때문이다.

〈벤자민 버튼의 시간은 거꾸로 간다〉라는 영화에는 이런 대사가 나온다.

"인생에 너무 늦었거나, 혹은 너무 이른 나이는 없다."

인생을 다시 시작하기에 지금이 가장 빠르다. 김난도 작가는 저서 《아프니까 청춘이다》에서 "당신은 삶에 지쳐 허우적대고 있습니까? 지금, 내가 시도하려는 일이 너무 늦었다고 생각하십니까? 당신은 결코, 늦지 않았습니다."라고 말한다.

누구나 인생의 마지막에 섰을 때 후회하는 것들이 있다. 이를 가장 잘 표현한 책이 호주의 호스피스 간호사 브로니 웨어가 자신의 경험을 바탕으로 쓴 《죽을 때 가장 후회하는 5가지》가 아닐까 한다. 이 책에서 말하는 죽을 때 가장 후회하는 다섯 가지는 다음과 같다.

첫째, 다른 사람이 아닌, 내가 원하는 삶을 살았더라면
둘째, 내가 그렇게 열심히 일하지 않았더라면
셋째, 내 감정을 솔직하게 표현할 용기가 있었더라면
넷째, 친구들과 계속 연락하고 지냈더라면
다섯째, 나 자신에게 더 많은 행복을 허락했더라면

이제라도 알았으니, 후회 없는 인생을 살아야 하지 않을까? 은퇴 후 또는 은퇴가 아니더라도 중년 대부분의 가장이 직면하는 현실은 이상과 너무 다르다. 가족과 함께하려고 돌아왔다고 외치고 싶으나, 아내 또는 남편과 자식들은 나와는 동떨어진 곳에 가 있다. 이것이 가정에서 설 자리를 잃어버린 쓸쓸한 은퇴자들의 모습인 경우가 많다. 열심히 일만 하느라 놓쳐버린 시간 속에서 대

화를 잃어버린 채 덩그러니 남아 있다는 것이다. 생의 목표로 여겼던 대부분의 가치가 마지막 순간에는 그 의미가 퇴색한다. 열심히 일해서 일구어 놓은 것들을 정작 마지막에는 아무것도 가져갈 수 없다.

빈손으로 왔다가 빈손으로 가는 것이라는 인생의 의미를 다시 한번 느끼게 된다. 그 사실을 깨닫고 나면 지금껏 우리가 추구해 온 돈과 명예, 권력, 쾌락이 행복의 잣대가 될 수는 없다. 이 사실을 기억해야 할 사람. 바로 당신이다. 자, 지금부터 진짜 인생을 시작해 보자.

PART
2

# 진짜 공부를
## 시작하라

# 공부

## 01

# 지금 늦었다고?
# 가장 빠른 시간이다

최상의 행복은 일년을 마무리할 때에
연초 때의 자신보다 더 나아졌다고 느끼는 것이다.
- 톨스토이 -

50대의 나이에 늦지 않았다며 나는 오늘도 책을 쓰고 있다. 이렇게 글을 쓰고 있을 때면 문득 엄마 생각이 난다. 엄마는 글을 모르셨다. 아버지는 늘 엄마에게 책을 읽어주시곤 했다. 특히 춘향전과 심청전을 자주 들려주셨다. 지금도 심청전의 한 대목이 생생하게 기억난다. 아버지가 "심청이가 인당수에 몸을 던져…." 하고 음률을 넣어 책을 읽으면 엄마는 옆에 누워서 "아이고, 불쌍해라! 우리 심청이 불쌍해서 어이할 거나." 하시며 눈물을 훔치곤 했다. 참 평화롭고 행복한 시간으로 기억된다.

이렇게 행복하게 사시던 두 분이었는데 내가 고등학교 1학년 때 아버지께서 병석에 누우셨다. 무슨 병이었는지 기억나지 않지만 오래 버티시지 못할 것이라고 했다. 그리고 엄마는 아버지를 보내 드릴 준비를 하셨다. 가장 좋은 삼베를 골라서 아버지의 수의를 만드셨다. 그런데 아버지는 차츰 병세가 좋아지시더니 자리를 털고 일어나셨다. 그리고 3년쯤 후에 엄마가 아버지의 수의를 입으셨다.

그날은 할머니의 제삿날이었다. 엄마는 읍내에서 장을 봐오시고는 이제 갓 돌을 지난 조카를 업고 평상시와 다름없이 동네 마실을 다녀오셨다. 평소처럼 건강하신 모습이어서 그날 엄마가 우리 곁을 떠나시리라고는 생각조차 할 수 없었다.

그날도 온 가족이 9시 뉴스를 보고 있었다. 옆에서 엄마의 코 고는 소리가 났다. 엄마는 코를 많이 골았기 때문에 가족들은 이상하게 생각하지 않았다. 그런데 막내 오빠가 갑자기 "엄마가 코를 너무 고는데?" 하길래 엄마를 보니 평상시와는 좀 달랐다. 엄마를 크게 부르며 흔들어도 엄마는 깨지 않으셨다. 결국 엄마는 경운기에 실려 읍내 병원으로 가셨고 다시는 우리 집 마당 흙을 밟지 못하셨다.

'하늘이 무너진다'는 표현이 이럴 때 쓰는 말일까! 허허벌판에 던져진 느낌이었다. 방구석에 쭈그리고 앉아 끝없이 우는 것만이 내가 할 수 있는 전부였다. 엄마 없는 세상은 한순간도 생각해 보지 않았다. 어떤 의미인지도 모를 '죽음'을 감내해야 했다. 엄마에게 잘못했던 일들이 수도 없이 떠올랐다. 엄마가 시키는 일은 미루거나 무시하기 일쑤였고 나이 많은 엄마를 창피해하기도 했다. 학교에 오시면 "저쪽으로 멀리 좀 가 있어."라며 엄마를 마음 아프게 했고, 왜 나를 늦게 낳았냐며 원망했었던 일도 생각났다. 후회하고 또 후회한들 무슨 소용이 있으랴!

5일이 지나 장례식 날, 온 동네가 하얗게 변해 있었다. 엄마가 돌아가신 그다음 날부터 이틀 동안 많은 눈이 내렸다. 엄마의 마지막 길을 순백의 꽃으로 장식한 듯이. 엄마는 하얀 눈길을 걸어가셨다.

"나도 따라갈 테야. 엄마 가지 마, 나도 같이 묻어줘!"

막내딸의 울부짖는 소리를 들으셨을까! 엄마의 꽃상여는 상여꾼들의 구령 소리와 함께 집을, 아니 나를 떠났다.

엄마를 떠나보낼 때 내 나이는 열아홉 살, 고등학교를 졸업하고 얼마 지나지 않았을 때의 일이었다. 그 당시 우리 집에서는 돌아가신 분을 위해 한 달에 두 번씩 제사를 지냈는데 이를 '삭망'이라고 한다. 나는 1년 동안 삭망을 위해 장을 보는 일 외에는 집안에만 있었다. 대학 갈 생각은 엄두도 낼 수 없었다. 철없는 막내딸은 울타리였던 엄마가 없다는 것이 받아들여지지 않았다. 사실 엄마 없이는 아무것도 할 없었다. 그렇게 몇 년을 지냈는지 모른다. 그러다가 사촌 형부를 따라 서울로 왔고 다시 얼마 후에는 공무원이 되었다. 시간이 많이 지나 결혼도 하고 두 아이의 엄마가 되었다. 이제는 주름살이 늘고 흰머리가 점점 많아지는 나이가 되었다. 지금은 가끔, 아주 가끔 엄마를 생각한다.

엄마를 보내고 다시 마음을 추스르고 서울로 온 나는 오랜 직장생활을 하면서 책과 공부와는 담을 쌓고 살았다. 소설, 에세이 그리고 자기계발서 등을 읽는 것 외에는 책과는 먼 생활을 했다. 그러다가 4년 전, 책에 관심을 가지기 시작했다. 나는 지금 시작하더라도 늦었다고 생각하지 않는다. 책을 읽다 보니 늦은 나이에 시작해서 성공한 이들이 많이 있다는 것을 알게 되었다.

책 읽기로 성공한 작가 마쓰모토 세이초는 47세에 등단했다. 스페인의 세르반테스는 소설 《돈키호테》의 1편을 57살에 썼고, 2편은 10년 후에 썼다. 일본의 시바타 도요 할머니는 99세에 아들의 권유로 《약해지지 마》라는 시집을 내서 수백만 부가 팔렸다. 미켈란젤로가 최후의 심판을 그린 나이는 70세라고 한다. 너무 멀리 갔나? 그럼 가까이 가 보자.

뇌 전문가 이시형 박사는 80세가 넘은 나이에도 여전히 현역으로 뛰고 있다. 김형석 교수는 90세의 나이에도 여전히 강의를 한다. 그것도 아주 왕성하게 집필과 강연을 하고 있다. 아, 일요일이면 '전국노래자랑'을 외치는 사회자 송해 선생님은 90세가 넘었다. 지금 이 책을 읽는 독자 중에는 중년을 넘어선 사람도 있을 것이다.

나는 50대에 처음으로 도서관이란 곳을 가봤다. 문화체육과에 근무할 때 도서관 업무를 맡아 수억 원의 예산을 편성하고 집행하였으며 망우동의 어린이 도서관을 개관하기도 했다. 이렇게 도서관에 대한 관리와 개보수, 그리고 책 구입비를 편성하고 집행하면서도 정작 나 자신은 도서관에 가서 책 한 권을 읽지 않는 사람이었다.

어렸을 때도 책을 많이 접할 수 없는 환경이었고, 20대를 지나서는 직장 다니고 아이 키우고 집안 살림하면서 시간을 보내는 것으로 만족하며 살았다. 물론 아주 안 읽은 것은 아니었다. 책은 늘 옆에 있었다. 다만 치열하게 읽지는 않았다. 취미로 조금씩 읽었다.

늦게라도 책을 읽게 된 계기로는 여러 가지가 있다. 그중 하나가 막내아들이 대학에 들어가게 된 이후였다. 막내가 대학에 들어가자 내 생활에도 남는 시간이 많아졌다. 그때부터 나는 다른 사람이 아닌 나를 위해 살아보기로 마음먹었다. 그 첫걸음이 책 읽기였다.

'시작은 나이가 아니라 행동'이라는 말이 있다. 과거는 흘러가 버렸다. 미래는 아직 오지 않았다. 과거는 어제의 오늘이었고 미래는 다가올 내일이다. 오늘, 지금 무언가 하고 있다면 과거에도 미래에도 당신은 무언가를 한 것이다. 당신은 지금까지와는 다른 일을 새롭게 시작할 수 있다. 앞이 전혀 보이지 않던 상황에서도 살아나온 과거의 경험을 떠올려서 다시 시작해 보자. 다시 공부해 보는 거다. 지금부터 하는 공부는 겉으로 드러나는 스펙을 쌓기 위한 공부가 아니라 내면의 진정한 나를 찾기 위한 진짜 공부다.

'무언가를 시작하기에 언제가 좋을까? 너무 늦지 않았을까? 지금 해도 괜찮을까? 언젠가는 나도 무엇인가 이루지 않을까?'

《부의 추월차선》의 저자 엠제이 드마코는 여기에 일침을 가한다.

"언젠가는 절대 오지 않는다. 언젠가를 오늘로 만들어라."

그의 말과 같이 아직 오지 않은 언젠가를 마냥 기다리고 있어서는 아무것도 할 수 없다. 늦었다고 생각하지 말고 지금 바로 무언가를 시작하라. 오늘은 당신의 인생에서 가장 빠른 시간이다. 가장 젊은 날들임을 기억하라.

## 02

# 나이 들어 하는 공부가
# 진짜 공부다

행복을 즐겨야 할 시간은 지금이다.
행복을 즐겨야 할 장소는 여기다.
– 로버트 인젠솔 –

지금은 새벽 2시다. 잠시 글쓰기를 멈추고 밖에 나가 하늘을 올려봤다. 별들이 제법 반짝거린다. 도시에서는 보기 힘든 아름다움이다. 어쩌면 내가 하늘을 올려다보지 않아 몰랐던 것일 수도 있다.

나는 혼자 서울을 떠나 조령산 휴양림 '숲속의 집 전나무 2호'에 와 있다. 재충전을 위해 떠난 여행이다. 요즘 아침만 되면 수명을 다한 소처럼 겨우 일어나 세수를 하고 출근을 하곤 했다. 공무원은 근무 연수가 20년이 넘으면 20일의 휴가가 주어진다. 나는 이 휴가를 얻어 책을 쓰기 위해 가방을 꾸려서 서울을 떠났다.

한때는 퇴직을 심각하게 고민하기도 했다. 그러나 계획도 없이 직장을 그만둘 수는 없었다. 이미 퇴직한 분들과 모임에서 만나 이야기를 할 때면 나에게 한결같은 조언을 해 주었다.

"정 계장, 절대 퇴직할 생각하지 마. 거기가 천국이야! 퇴직하는 순간, 정 계장은 그저 동네 아줌마야. 아니, 할머닌가? 하하하. 지금 정 계장과 같은 나이 아줌마들을 한 줄로 쭉 세우면 중간에서 아마 앞일걸. 등 떠밀어도 버티고 또 버텨. 절대 딴 생각하지 마!"

퇴직 선배들은 은퇴를 생각하는 나에게 도시락 싸 들고 다니며 말리겠다고 했다. 물론 그분들 말씀이 아니더라도 나는 퇴직하고 딱히 할 일도 없었다. 그 후로는 직장생활을 계속하며 책을 읽고 강의를 듣는 생활을 이어나갔다.

처음에는 부정적인 생각들도 들었지만, 책을 읽으며 공부하는 시간이 가면 갈수록 생각은 긍정적으로 변해 갔다. 꿈, 행복이 무엇인지 알고 싶어졌다. 책을 열심히 읽으면서도 막상 글을 쓰는 것이 쉽지는 않았다. 써 보고자 노력했지만 잘 안 되었다. 출근 전 1시간씩 시간을 내어 쓰려고도 했고, 퇴근 후 시간을 활용해 보기도 했다.

책 읽기를 시작하면서 드라마는 물론 TV하고는 담을 쌓고 살았으나, 야구를 좋아하는 탓에 TV에서 야구 중계만 하면 발길이 저절로 거실을 향했다. TV 속으로 빠져들어 가기 시작하면 최소 3시간은 꼼짝 않고 앉아있었다. 연장전까지 가는 날은 5시간을 그대로 흘려보냈다. 안 되겠다 싶었다. 그날로 짐을 꾸렸다. 그 결과 지금 나는 충청도 조령산 중턱에서 이 글을 쓰고 있다.

　치열하게 책을 읽기 시작하고, 강의를 들으러 다닌 4년 전의 겨울, 내 마음은 몹시도 추웠다. 강의를 듣고 책을 읽기 전, 내 마음속에는 불안, 초조, 불행, 어둠 같은 부정의 단어들이 오랜 시간 자리하고 있었다. 몇 발자국만 더 나아가면 어둠을 뒤로하고 따뜻한 햇볕을 만날 수 있었지만, 그 몇 발자국을 떼기가 마음처럼 쉽지 않았다.

　부정적인 단어들을 무기로 현실의 문제들을 애써 외면하고 싶었는지도 모른다. 그때 나는 강의와 책을 만났다. 당시의 상황은 침울했다. 50대의 나이에 직장생활을 하면서 겪는 여러 문제, 갈등, 배신, 인생 후반기를 맞이하면서 느끼는 막연한 불안감, 두려움 등 이 모든 것들이 인식하지 못하는 사이에 내 마음속 깊은 곳에 자리 잡고 있었다.

　이러한 모습은 그 누구도 아닌 바로 내가 스스로 선택한 것들의 결과였다. 더는 머물러 있을 수만은 없었다. 내 선택의 결과에서 벗어나 더 나은 선택을 하기로 한 것이다. 그렇게 시작한 책 읽기와 강의 듣기는 나의 생각을 바꿔 나갔다. 내가 아닌 남을 탓할 수 없다는 것을 알아갔다. 아니, 탓하지 않기로 했다. 모든 결과는 그것이 좋은 것이든 나쁜 것이든 모두가 어제의 내 탓이었다. 지난날의 내가 선택한 결과물이 지금의 나였다. 이전까지의 나는 늘

'당신들 탓이야'를 반복하며 살고 있었던 것이다.

나는 뒤돌아보았다. 그리고 변하기 위해 몸부림쳤다. 내일의 좀 더 나은 나를 위해 오늘을 열심히 살기로 했다. 하루 2시간이 넘게 책을 읽고 글을 썼다. 그 과정이 쉽지는 않았지만, 포기할 수는 없었다.

몰랐던 진리들을 알아가고 수천 년 동안 이어 내려온 성현들의 발자취를 따라가면서 나를 되돌아보았다. 그동안 많은 잘못들을 아무 생각 없이 해왔다는 것들을 알 수 있었다. 내가 지금 가고자 하는 책 읽기, 즉 공부의 여정은 내가 즐겁고 행복한 일이니 감사하며 살아야 한다는 것도 알았다. 남은 내 인생 내가 책임져야 하고 결국 내가 풀어야 할 내 인생숙제임을 통감한다.

요즘은 컴퓨터도 공부하는 시대다. '딥 러닝(deep learning)'이다. 인공지능은 학습 단계가 세분화될수록 그 성능이 향상되기 때문에 딥 러닝이라는 이름을 붙였다고 한다. 쓴 약이 몸에 이롭다. 달콤한 사탕이 몸에 이로우면 얼마나 좋으랴! 쓴 약을 먹지 않고도 최대의 결과를 얻을 수 있다면 더는 바랄 것이 없을 것이다. 공부는 그 자체로도 좋은 것이고, 좋은 것을 얻기 위한 수단으로서도 좋다.

우리는 늘 다가올 미래를 생각하고 젊음을 유지하며 살아야 한다. 바닷물이 수억 년이 흘러도 썩지 않는 것은 소금이 있기 때문이며, 흘러가는 강물이 썩지 않는 것은 쉬지 않고 변화하고 있기 때문이다.

늦지 않으려면 지금 당장 공부해야 한다. 변화하는 삶을 살아야 한다. 시험을 잘 보기 위해, 취업문을 뚫기 위해, 스펙을 쌓기 위해 하는 공부는 많이 해 보았다. 그러나 진짜 공부는 지금부터다. 나이 들어 하는 공부가 당신의 인생을 더욱 풍요롭게 해줄 것이다.

나이는 상관할 필요 없다. 나이 들어 하는 공부가 진짜 공부다. 인생의 참맛을 알기 때문이다. 나이 탓하지 말고 지금 당장 책장 앞으로 가라! 그리고 펼쳐라. 한 페이지라도 넘겨라. 인생 후반기, 진리를 찾고 즐거움을 알아가는 책 읽기와 책 쓰기가 진짜 공부다. 나이 들어 진짜 공부를 한번 해 보는 거다.

## 03

# 인생 후반기,
# 진짜 공부를 시작하라

열망하면서 행동으로 옮기지 않는 사람은
흑사병같은 폐해를 초래한다.
- 블레이크 -

나는 지금까지 직장생활을 하면서 다른 직업에 대해 생각해 본 적이 없었다. 오직 내 일만이 관심사였고 또 열심히 일했다고 자부한다. 그러나 인생은 마음대로 되지 않는 법이다. 나는 이제 진짜 인생을 살기로 했다. 몇 년 전에도 그랬지만 지금부터는 더욱더 남의 평가에 목매지 않기로 했다. 그러자 마음이 편안해졌다. 물론 짧은 시간에 그렇게 되지는 않았다. 긴 시간 방황하고 또 방황했다.

"그래, 이대로 아무것도 아닌 인생을 살 수는 없다. 내 인생을 지금보다 더 나은 인생으로 바꿀 방법을 찾자. 성공하겠다는 것이 아니다. 그러나 더 이상의 시행착오는 없어야 한다. 성공은 못 하지만 성장은 하자!"

이렇게 외치고 또 외쳤지만 내가 무엇을 할 수 있을지 딱 떠오르지는 않았다. 일단 일주일에 책 한 권씩 읽어야겠다고 결심했다. 당시에 읽었던 책들은 주로 자기계발서였다. 14년의 무명생활을 했다는 이지성 작가의 《리딩으로 리딩하라》와 《꿈꾸는 다락방》, 사이토 다카시의 《서른살 직장인 공부법을 배우다》 등이다.

꾸준히 자기계발 서적을 중심으로 책을 읽던 중 어느 날 우연히 신문에서 눈에 띄는 홍보 문구를 발견했다. 사회적 기업인 '인문학 카페'에서 인문학 고전 50권 읽기 '고독클럽'을 진행한다는 것이었다. 나는 바로 회원 등록을 하고 수강 신청을 했다. 직장에서 수없이 많은 강의를 들었지만, 비용을 지불하고 강의를 듣는 경우는 처음이었다. 강의료는 일주일에 1회 2개월 과정이 16만 원이었다.

그 후 매주 삼성역으로 강의를 들으러 다녔다. 첫 번째 책은 박종현 교수가 번역한 플라톤의 《국가》였다. 책을 읽어야 하는데 인터넷으로 주문해도 강의 날짜까지 책이 도착하지 않을 것 같았다. 급한 마음에 나는 책도 사지 않은 채 강의에 참석했다.

첫 수업을 시작하기 전에 이벤트가 있었다. 책 7권을 추첨해서 준다는 것이다. 나도 혹시나 하는 생각으로 앉아있었다. 6번째 추첨이 있을 때까지 내 이름은 호명되지 않았다. 마지막 1권만이 남아 있었다. 바로 그때 내 이름이 불렸다. 운이 좋게도 나는 첫 책을 '7번째 선물'로 받을 수 있었다. 내심 '시작이 좋군!' 생각하며 즐거운 마음으로 첫 강의를 듣게 되었다. 본격적인 수업에 앞서 자기소개 시간이 있었다. 40명 정도 되는 수강생 앞에서 나는 이렇게 나를 소개했다.

"우리나라 아줌마 10명이 지나가는데 '영자야' 하고 부르면 3명이 뒤돌아본다는 바로 그 영자입니다. 저는 그동안 직장생활 하며 바쁘게 살아왔는데, 매일 TV 채널을 돌려가며 드라마를 섭렵하고 이것도 모자라 휴일이면 다시보기로 하루에도 몇 시간씩 드라마에 빠져 살다가 이제 겨우 빠져나왔습니다. 잘 부탁드립니다."

강의에 모인 사람들 모두 직업도 나이도 각양각색이었다. 70대 치과의사, 60대 대학교수, 50대 드라마 작가, IT 전문가, 소설가, 20대 화가, 건축가, 산부인과 의사 등등. 나는 살면서 이렇게 다양한 직업군의 사람들과 처음 만났다. 신선했다. 태어나서 처음 접하는 생소한 인문학 강의와 사람들이었다. 지금도 이 신선한 수강생 생활은 계속되고 있다.

강의를 들으러 다니면서 틈틈이 소설책과 자기계발서를 읽었다. 50대라는 결코 적지 않은 나이에 안전적인 직장이라고 하는 공무원 정년도 몇 년 남지 않은 시기였다. 미래에 대한 걱정으로 조금씩 불안해지기 시작하던 시기였다.

그때 나는 '이 나이에…'라는 생각이 가장 위험하다고 역설하는 이시형 박사가 쓴 《공부하는 독종이 살아남는다》라는 책을 보게 되었다. 거기에 이런 대목이 있다.

"우리 사회의 법정정년은 대개 50대다. 50대가 되면 자신은 이미 사회 퇴물이라 치부하고 배움과 성장을 포기하기도 한다. 하지만 천만에다. 중년에겐 '에이징 파워(Aging Power)'라는 자산이 있다. 나이 든다고 내리막은 아니다. 에이징 파워는 나이가 들수록 오히려 강해지는 역동적인 힘이다. 경험에서 우러나오는 원숙미, 폭넓은 인맥을 바탕으로 한 정보력, 축적된 경제력 등이 그 힘의 원천이다. 여기에 발전적인 미래에 대한 강한 의지만 더해진다면 이보다 더 강한 힘은 없다."

덧붙여 저자는 여러 가지 사례를 통해 지능, 체력, 기억력, 창의력 등등이 결코 젊은이에 뒤지지 않음을 말하고 있었다. 단 '이 나이에'라는 한계만 정하지 않는다면 말이다. 그리고 뇌는 공부할수록 젊어진다고 한다. 뇌 전문가의 말이 아니더라도 귀담아들어야 할 것 같다.

인생을 살아가는 데 정답이 있는 것은 아니다. 나이를 먹었다고 하지 못할 것도 없다. 지(知)의 거인이라 불리는 도야마 시게히코의 《자네 늙어봤나 나는 젊어봤네》라는 책 제목을 보라. 얼마나 자신 있는 말인가. 그는 아흔 살이 넘어서도 여전히 현역으로 살고 있다. 언젠가 한 잡지에서 이런 글을 읽은 적이 있다. 어느 여든여섯 살 할머니의 말이다.

"내가 여든여섯 살까지 살아 있을 줄 알았더라면 26년의 세월을 이렇게 헛되이 보내지는 않았을 것을. 무엇이라도 시작해 볼 것을…."

평균수명이 짧아 환갑잔치를 하던 시기에는 60세만 넘어가면 인생 다 산 것으로 생각했던 것이 사회의 통념이었다. 그러나 이제 세상이 바뀌었다. 평균수명은 80세를 넘어 100세를 향해 가고 있다.

중년의 나이를 자랑하며 남은 인생을 '그동안 열심히 살아왔으니 이젠 좀 쉬어야겠다'면서 그저 휴식만 취하며 살 것인가? 다시 한번 공부하며 새로운 인생을 시작해 볼 것인가? 결정은 순전히 당신의 생각에 달려있다. 세상의 모든 일은 생각에서 비롯되었다. 생각하지 않으면 말할 수 없고 말하지 않으면 행동하지 못한다. 행동하지 않으면 성장은 없다.

당신의 나이는 몇살인가? 30대, 40대, 아니면 그 이상인가? 공부에 나이는 중요하지 않다. 대단한 공부를 하자는 것이 아니다. 나이에 상관하지 말고 책을 가까이하고 책과 더불어 살자는 것이다. 책에는 인생의 해답이 있다. 나이가 들어서도 책을 읽어야 하는 이유, 공부를 해야 하는 이유는 많다.

가장 먼저 책을 통해 저자들의 삶을 간접적으로 경험할 수 있다. 간접 경험을 통해 깨달음을 얻기도 하고, 잘못된 인생을 바로 잡을 수도 있다. 우리가 아무리 오래 산다고 해도 모든 것을 다 경험해 볼 수는 없다. 그래서 책이 필요하다. 다른 사람의 경험을 나도 짧은 시간 안에 경험해 보는 것이다. 그것이 책의 힘이며 공부가 필요한 이유다.

저자의 생각을 읽고 맞으면 그대로 한번 해 보는 것이고 다르다고 생각되면 안 하면 된다. 해로운 책은 없다. 각자가 필요한 지식을 발췌하고, 가슴을 탁 치게 하는 문구를 발견하는 것이 중요하다. 나아가 인생을 뒤돌아보고 더 나은 인생을 설계할 수 있다면 더 바랄 것이 없지 않겠는가!

젊어서는 더 좋은 학교를 가기 위해, 더 좋은 직장을 잡기 위해 공부했다면 이제부터는 자신을 위한 공부를 할 때다. 주저하지 마라. 인생 후반기, 당신의 진짜 공부를 시작하라!

## 04

# 자기계발서에 인생의 답이 있다

내 비장의 무기는 아직 손안에 있다.
그것은 희망이다.
- 나폴레옹 -

강원도 영월. 영동고속도로에서 원주나 제천방향으로 나가서 옛길을 따라가다 보면 올림픽이 열릴 평창, 그리고 단종대왕릉이 있는 영월로 갈라지는 삼거리가 나온다. 이곳에서 오른쪽으로 20분쯤 달리다 다시 오른쪽을 보면 깎아지른 절벽이 있다. 여기에서 잠시 멈추고 바위 사이를 보라. 지금껏 보지 못한 굉장한 광경이 펼쳐져 있을 것이다.

하늘을 향해 우뚝 솟은 바위, 또 바위 그 사이로 멀리 마을이 하나가 보인다. 그 마을의 별칭은 '선돌'이다. 바위가 높이 솟아있는 형상을 표현한 '서 있는 돌'의 준말이다. 내가 태어나고 꿈속에서 살 듯 행복했던 내 고향이다.

어릴 적 나는 책보를 허리춤에 차고 고무신을 신고 초등학교에 다녔다. 책보도 고무신도 노는 데는 전혀 걸림돌이 되지 않았다. 놀이는 가장 중요한 하루 일과였고, 학교를 마치자마자 놀기 시작하면 캄캄해질 때까지 끝날 줄 몰랐다. 엄마들의 "저녁 먹어라!" 외침이 들려 올 때까지 우리의 놀이는 계속되었다.

가로등도 없는 시골이라 해만 넘어가면 캄캄했다. 잘 보이지도 않는 동네 어귀에서 잘도 놀았다. 머리핀 따먹기, 고무줄넘기, 공깃돌 놀이, 땅따먹기 등 놀이의 종류도 다양했다. 놀기에만 바빴지 교과서 이외의 책을 읽은 기억이 별로 없다. 학교에는 책이 좀 있었지만, 집에는 교과서가 전부였다. 책이 있었다고 해도 그때는 놀기에도 시간이 모자랐다.

그렇게 지내던 나에게 오빠가 책을 선물해 준 일이 있었다. 나는 네 명의 오빠가 있다. 나이 차이도 많이 난다. 그때 공부를 제일 잘한 셋째 오빠는 한국 전력에서 일했는데, 근무지는 제주도였다. 하루는 학교에서 돌아와 보니 셋째 오빠가 와있었다.

"영자, 이제 오냐?"

"어! 오빠 왔네."

나이 차이가 많이 나는 오빠들임에도 그냥 친구처럼 이야기한다. 오빠들도 나를 계집애 취급한 적이 한 번도 없다. 매번 사내 취급이다. 오늘도 오빠는 나에게 장난치듯 말을 걸었다.

"야, 내가 뭐 가져왔는지 맞춰봐라. 맞추면 줄게!"

방 한구석에 귤 한 상자가 보였다. 그 당시만 해도 귤은 강원도 산골에서 맛보기 힘든 과일이었다. 나는 너무 좋아서 "와! 귤이다!"를 외치며 달려갔다. 다른 것은 눈에 들어오지 않았다.

"야야, 좀 천천히 먹고 이리 와봐!"

"오빠 뭔데, 뭔데? 더 좋은 거 있어?"

"에고! 우리 막내 먹는 데 정신 팔려서 다른 건 안 보이는구나. 그래, 더 좋은 거 있다. 옜다. 동화책이다, 이놈아!"

오빠는 나에게 동화책 6권을 안겨 주었다. 처음 가져 보는 책이었다. 너무 좋아 깡충깡충 뛰었다.

"오빠! 이거 정말 내 거야? 내 거 맞아? 와! 신난다. 오빠, 고마워!"

생애 처음 내 책이 생겼다. 그 후로 그 책들을 읽고 또 읽었다. 아마도 30번 이상씩 읽은 것 같다.

당시 나의 앉은뱅이책상에는 동화책이 위풍당당하게 꽂혀있었다. 보기만 해도 웃음이 절로 났다. 한동안은 학교가 끝나기가 무섭게 바로 집으로 왔다. 동화책이 잘 있는지 궁금해서였다. 그때 동네에서 동화책 가진 아이는 나뿐이었다. 소유감, 우월감, 행복감 등 이보다 더 큰 기쁨이 없었다.

그로부터 40년도 더 지났다. 동화책 6권이 '내 생애 최고의 선물'이었던 어린 시절의 기억 때문인지, 나는 읽지도 않으면서 책을 사들이는 것을 좋아했다.

　책꽂이에 늘어서는 책들을 보면 흐뭇했다. 그게 전부다. 서재에는 책을 사서 꽂아두기만 할 뿐 읽지 않았다. 언젠가는 읽으리라 생각했지만 좀처럼 책이 손에 잡히지 않았다. 시간만 흐를 뿐이었다. 아들 둘을 키우며 정신없이 보내던 날이 지나고, 어느덧 막내아들이 대학에 들어갔다. 어딘지 모를 후련함, 안도감과 함께 허전함이 밀려왔다.

　문득, 내 생애 첫 선물 동화책을 받던 그날이 떠올랐다. 그리고 결심했다. 드디어 모아 놓기만 했던 책을 읽어보기로 한 것이다. 서재에 들어서 책장 앞을 서성이기 시작했다. 책을 향해 한발 한 발 다가갔다. 처음에는 주로 소설을 읽었다. 평소에 들었던 강의에서 강연자가 추천했던 책들도 많이 사 모았다. 강의 교재였던 책들도 책장에 많이 꽂혀 있었다.

　이광수의 《상록수》도 다시 꺼내 읽고, 혜경궁 홍씨의 《한중록》, 카잔차키스의 《그리스인 조르바》도 읽었다. 다음날은 버지니아 울프의 《댈러웨이 부인》, 도스토옙스키의 《지하생활자의 수기》, 몰리에르의 《타르튀프》….

　소설을 읽을 때면 내가 주인공이 되어 울고, 웃고, 화내고, 다시 평정을 찾는 일이 반복되었다. 어느 때는 '아! 이런 인생도 있구나. 나도 이렇게 자유를 만끽하며 살아야지. 이런 슬픈 인생도 있구나. 그래도 내가 좀 더 낫다!'라고 위로를 받았다. 어떤 소설은 읽을 때면 펑펑 울어 가며 내가 주인공이 되어 울분을 터뜨리기도 했다. 미친 듯이 웃을 때도 있었다.

세상은 소크라테스가 "악법도 법이다."라며 독배를 마시던 2,500년 전이나 소설《돈키호테》가 나온 400년 전, 실존주의 문학의 선구자인 프란츠 카프카가 활동하던 1900년대 초에 이르기까지 상통되는 것이 있었다. 지금도 여전히 인간들의 부조리, 인간 존재의 불안, 암투와 배신과 절망이 존재한다는 사실이다. 머리로는 이해했지만 책의 마지막 장을 덮고 나면, 나는 다시 현실로 돌아와 우울해졌다.

이번에는 책의 장르를 바꾸어 읽어보기로 했다. 인문 고전이었다. 평소 책을 많이 읽지 않던 나에게 처음부터 혼자 고전을 읽는 것은 아무래도 무리일 듯 싶었다. 그래서 인문 강의를 병행하기로 했다. 그때 접한 동양고전이 노자의《도덕경》이다. EBS 방송에서 인문학 특강을 진행 중이었는데 첫 번째 강의가 서강대 최진석 교수의 〈노자, 현대를 말하다〉였다. 이 강의는 14번에 걸쳐 진행되었고, 나는 열심히 들었다.

그 후로 프리드리히 니체의《짜라투스트라는 이렇게 말했다》, 스피노자의《애티카》, 칼 융의《기억 꿈 사상》, 각묵스님의《니까야 강독》등 많은 고전과 철학서, 종교서적 등을 접했다. 물론 강의도 함께 들었다. 역시나 강의를 병행하면서도 익숙하지 않은 고전이나 철학서, 종교 서적들을 이해하기 위해서 휴일이면 종일 책과 씨름했다. 다양한 해석이 가능한 심오한 내용과 그 안에 녹아 있는 속뜻을 다 알기에는 한계가 있었다. 이해했을 때조차도 맞게 이해했는지 의문이 들기 시작했다. 알아갈수록 어두운 동굴 속을 헤매고 있는 느낌이었다.

'나는 도대체 무엇을 찾기 위해 책을 읽고 있나? 고전과 철학 서적은 나에게 무엇을 선물할 것인가?'

고심 끝에 나는 다시 책의 장르를 바꾸기로 했다. 바로 자기계발서였다. 드디어 나는 그 안에서 답을 찾을 수 있었다. 어렵고 난해한 해석이 아닌 명료한 해답을 담은 자기계발서는 술술 읽히면서 꼭 내 이야기를 하는 것만 같았다. 시련을 딛고 일어선 이들의 성공담, 절망을 이겨낸 대가들의 가슴 아픈 세월 등… 그리고 그들이 어떻게 지금의 자리에 서게 되었는지 쉽게 풀어 이야기해 주었다.

이때부터 나는 자기계발서에 푹 빠져 살았다. 어떤 날은 하루에 20권 넘게 책을 주문한 적도 있었다. 나는 웬만하면 책은 종이 책으로 사서 읽었다. 소설이나 여행기 같은 책들은 도서관에서 빌려 보기도 했지만, 자기계발서는 나에게 도움이 되거나 마음에 와닿은 문구 등을 책에 적고 포스트잇을 붙여가며 읽다 보니 빌려 볼 수가 없었다.

책을 읽고 싶지만 선뜻 손에 잡지 못하고 있다면 자기계발서를 추천하고 싶다. 물론 어떤 책이라도 우리에게 힘을 주고 마음의 양식이 되어주지만, 무엇보다 자기계발서는 쉽다. 특히 늦은 공부를 시작하고 싶다는 분들에게 추천한다. 그렇다고 평생 자기계발서만 읽으라는 뜻은 아니다. 자기계발서로 시작하다 보면 쉽게 책 읽는 습관을 기를 수 있고, 관심 분야 또한 점점 넓어져서 자연스럽게 분야를 바꿔가며 책을 읽고 이를 통해 배울 수 있기 때문이다.

여기에서 나는 힘을 얻고 다시 꿈을 꾸고 책과 함께하는 인생을 살고 있다. 인생에는 정답이 없다고 말한다. 어떻게 살아야 하는지 올바른 방향을 모르기 때문일 것이다. 나는 그 방향을 자기계발서에서 찾아가고 있다. 지금 인생의 길을 헤매고 있는 사람이라면 그 방향을 찾는 길을 자기계발서부터 시작해 보는 것은 어떨까?

## 05

# 퇴근 후,
# 딱 1시간만 투자하라

내일에 대해서는 아무것도 모른다.
우리가 할 일은 오늘이 좋은 날이며
오늘이 행복한 날이 되게 하는 것이다.
- 시드니 스미스 -

오늘은 좀 일찍 퇴근을 서둘렀다. 집에 저녁 반찬도 없고, 3일째 청소도 빨래도 못 했다. 그래서 나는 6시 5분이 되자 가방을 들고 사무실을 나섰다. 이때 옆 팀의 주임이 한마디 했다.

"정 팀장님, 오늘은 퇴근 시간이 빠르네요. 무슨 좋은 일 있으세요?"

아마도 그 직원은 내가 무슨 약속이 있어 술 한잔 하러 가는 줄 알고 물었을 것이다. 나는 사무실 직원들을 향해 이렇게 답하고 퇴근했다.

"저 퇴근하는 거 아닙니다. 지금 집으로 '출근'하는 겁니다. 할 일이 태산처럼 많습니다. 자, 그럼 저 집으로 출근해도 되겠죠? 내일 봅시다."

지금까지 나는 아침, 저녁으로 장소를 바꿔가며 출근만 하며 살았다. 참 바쁘게 살아왔다. 직장생활 하랴 집안일 하랴. 요즘은 맞벌이 가정이 늘어나 남자들도 가사분담을 하고 육아를 도와주는 시대가 되었지만, 우리 세대에는 집안일과 육아는 무조건 여자들의 몫이었다. 그러니 내가 집으로 출근한다는 말은 틀린 말이 아니다.

현관문을 들어서기 바쁘게 쌀 씻어서 밥 안쳐 놓고 국거리 물 올려놓고, 방마다 다니며 빨래 모아서 세탁기에 넣고 다시 청소기를 잡는다. 일주일에 두 번은 이렇게 해야 방들이 그나마 제 모습을 보여 준다. 김치를 담근다거나 특별한 일거리가 있으면 12시가 넘어서 끝나는 경우도 많다.

정년이 얼마 남지 않은 지금, 매일 사무실로 집으로 출근만 하던 날들에도 그 끝이 보인다. 나는 집안일보다는 직장 일을 더 좋아하고 열심히 했다. 퇴직할 날이 다가오니 불안한 마음은 고개를 들었다. 딱히 퇴직 준비는 아니었지만 약 4년 전부터 나는 책을 읽고 강의를 들으러 다녔다.

나는 지금도 생각한다. '그때 내가 강의와 책을 가까이하지 않았다면 지금의 나는 어떤 모습일까?' 하고. 지금처럼 편안한 표정과 마음으로 살고 있을 것 같지가 않았다. 그리고 나도 책을 한 권 써 본다거나 강의를 하고 싶다는 생각도 못 했을 것이다. 나는 이미 2권의 책을 썼으며 지금 3번째 책을 쓰고 있다. 이는 내가 퇴근 후 TV 앞에서 시간을 보냈다면 일어나지 않았을 일이다. 나는 저자가 되었다. 그리고 앞으로 강의도 하게 될 것이다. 내 경험과 시련을 극복한 사례들을 엮어 지금 어려움을 겪고 있는 이들과 공유하고 싶다.

나는 앞으로도 독서와 강의 듣기를 게을리하지 않을 것이다. 여기에서 길을 찾았기 때문이다. 퇴직한 이후에도 나는 계속 책을 쓸 것이고, 강의를 할 것이다.

어떤 것을 이루려고 한다면, 다시 말해 하나를 얻으려면 하나를 버려야 한다. 퇴직 후 자신의 방향을 설정하려면 퇴근 후 1시간을 챙겨야 한다. 저녁 식사를 핑계 삼아 먹는 한잔의 술, TV 시청, 친구와의 잡담 등 어긋난 습관을 바꿔야 한다.

"공부를 하긴 해야 하는데, 시간이 없네. 직장일 만으로도 나는 너무 바빠."

지금 이 글을 읽고 있는 당신, 혹시 이런 생각을 하고 있지는 않은가? 그럴 수 있다. 괜찮다. 당신은 이미 시작했다. 우리는 누구나 똑같이 하루 24시간을 살고 있다. 그러나 어떤 이는 1시간을 더 보태 25시간처럼 살기도, 하고 또 어떤 이는 23시간처럼 살기도 한다. 당신은 오늘 하루를 몇 시간으로 살고 싶은가? 퇴근 후 딱 1시간만 자신에게 투자하라.

퇴근 후 1시간을 간단하게 계산해 보자. 일주일이면 5시간, 주말은 하루 2시간, 조금 더 인심 쓰자. 그러면 일주일에 9시간이다. 한 달이면 대략 40시간, 1년이면 480시간, 10년이면 4,800시간이다. 물론, '1만 시간의 법칙'을 말하는 사람들은 언제 목표에 도달하느냐고 묻고 싶을 것이다. 그러나 걱정할 필요 없다. 사람은 누구나 자기가 좋아하고, 목표가 있으면 하루 1시간만 하지는 않는다. 장담하건대 최소한 2배, 3배는 더 하게 된다. 자투리 시간까지 활용하려 들 것이다. 이렇게 장담하는 건 내가 그랬기 때문이다. 지금도 나는 회식자리를 마다하고 책상 앞에 앉아있다. 왜냐하면 나는 이 시간이 너무 행복하고, 그래서 이 길을 선택했기 때문이다.

"직장 안에 있으면 안전하다. 그러나 기회는 항상 바깥에 있는 경우가 많다. 지금 바깥에 나갈 준비를 하라. 안에 있을 때 준비하고 나와야 한다. 안 그러면 모진 비바람을 피해갈 수 없다."

《퇴근 후 2시간》에 나오는 이야기다. 저자인 정기룡 작가는 경찰서장으로 정년퇴직했다. 그는 현직에 있을 때 이미 빵, 떡, 초콜릿, 두부 만드는 법을 배웠다. 그러나 그중 한 가지도 그가 퇴직 후에 할 수 있는 것은 없었다. 그래서 다시 또 도전했다. 강사학교에 간 것이다. 그리고 그는 드디어 프리랜서 강연자로 즐겁고 행복한 은퇴 후의 삶을 보내고 있다. 실패만 한 것으로 보이던 빵, 떡 등에 쏟아부었던 시간은 그의 강연에서 훌륭한 재료로 거듭나고 있다.

이 사례를 보면 자신이 좋아하는 것, 잘하는 것, 그리고 하고 싶은 것, 적성과 특기가 있다고 해서 이것이 곧 직업으로 연결되지는 않는다는 것을 알 수 있다. 직업이 되기 위해서는 더 많은 정성과 노력이 필요하다. 그리고 계속 찾아 나서야 한다.

"배움을 계속하고 있지만 수입이 올라가지 않는 사람은 배움이 부족하거나 배움을 금전으로 환원시키려는 의식이 희박한 것이다."

일본 작가 이노우에 히로유키의 《배움을 돈으로 바꾸는 기술》에 수록되어 있는 문장이다. 그는 이어서 "공들여 배우면서도 왜 그 결실을 손에 넣으려 하지 않을까? 이런 사람은 더욱 진지한 태도로 돈이라는 주제와 마주할 필요가 있다."고 말한다.

당연하다. 그러나 먼저 할 일이 있다. 일단 배우는 것이다. 그것도 현직에 있을 때 준비하는 것이다. 퇴근 후 딱 1시간만 투자하면 된다. 좋아하는 것을 하다 보면 1시간이 2시간이 되고, 3시간이 된다. 그 흐름에 자신을 맡기고 즐겨라. 결과는 과정의 행복을 즐기는 사이 찾아오는 선물이다.

## 06

# 배움을 영순위에 놓아라

행복에 대한 욕망은 조금씩 조금씩 달성되지만
그렇다고 해서 행복 그 자체가 만만한 것은 결코 아니다.
- 키프로스의 제논 -

'직장생활이 너무 바쁘다. 도대체 언제 책을 읽으란 말인가?'

책을 읽기 전에 품었던 의문이다. 직장인의 하루는 매일 반복되면서 틈새를 주지 않는다. 아침에 눈 뜨면 사무실 가고 퇴근하면 다시 집으로 와서 집안일하고 나면 독서할 시간이 없다. 더군다나 강의를 들으러 가는 것은 더 어렵다. 시간을 완전히 비워야 하기 때문이다. 이렇게 안 되는 이유가 생각이 난다면 이것은 배움을, 공부를 후순위에 놓아서다.

나를 위한 시간을 먼저 빼야 한다. 지금 내가 하고자 하는 공부는 자격증을 따기 위해, 회사에 취직하기 위해, 스펙을 쌓기 위해 하는 공부가 아니다. 그냥 인생 공부다. 그래서 순위가 뒤로 밀리는 것일지도 모른다.

　나는 동료나 후배들과 어울려 술 한잔 먹으면서 떠들기를 좋아했다. 평소에 자동차로 출퇴근을 했는데, 대리운전으로 집에 간 날이 10번이 넘는 달도 있었다. 거의 매일을 이런저런 명분으로 술자리를 했다는 것이다.

　하루는 이런 일도 있었다. 저녁을 먹으면서 맥주를 2잔 마셨다. 그리고 대리운전 기사를 불러 집으로 가는 중이었다. 나는 혼잣말로 중얼거렸다.

　"아이, 딱 두 잔 마셨는데 꼭 대리운전을 해야 하나? 이거 왠지 정신은 또렷하고 내가 운전해도 될 것 같은데… 이거 좀 억울한데?"

　이 말을 기사 아저씨가 들었는지 이렇게 말했다.

　"손님, 그렇게 억울하시면 제가 술 한잔 사드릴까요?"

　밤늦은 시간에 힘들게 대리운전을 하면서도 유머와 여유를 잃지 않고 즐겁게 일하시는 분이었다. 나도 즐거운 마음으로 자리가 어떻든 어디에 있든 감사하며 살아야겠다고 다짐했다.

　회사에 다니면서 회식자리는 거의 다 참석했으며, 일찍 퇴근하는 날은 대부분의 시간을 TV 앞에서 보냈다. 지상파는 물론 케이블 채널까지 뒤져가며 드라마에 빠져 있었다. 그렇게 시간을 보냈던 내가 책을 읽으면서 달라지기 시작했다. 물론 처음부터 달라진 것은 아니다. 차츰차츰 달라졌다. 빠지지 않았던 회식자리도 지금은 약 1년 가까이 가지 않고 있다. 직원 송별회나 피치 못할 경우에만 참석한다. 술은 입에도 안 댄다. 저녁 약속을 잡아야 할 경우가 생겨도 가능하면 점심시간으로 바꾼다.

그 외에 시간이 날 때마다 나는 서재로 향하거나 도서관으로 발길을 옮긴다. 그동안은 다른 일을 다 끝내 놓고 시간이 날 때 책을 읽었다면, 지금은 책을 먼저 읽고 글을 쓰고 난 다음에 다른 일을 한다. 즉, 나의 일과 중에 공부를 '영순위'에 배치해 두었다. 처음 책을 읽기 시작할 때는 매우 힘들었다. 그러나 시간이 가면 갈수록 책의 매력에 빠져들었다. 배우는 것이 점점 즐거워졌다.

학교 다닐 때 하는 공부는 성적을 올리기 위한 수단으로 평가에 목매어 하는 것이었지만, 어른이 되어 하는 공부는 전혀 다르다. 평가받을 일이 없으니 시험을 치르지 않아도 될 뿐만 아니라, 남들이 뭐라고 해도 상관이 없다. 그저 내가 만족하고 한 줄이라도 마음에 드는 글이나 가슴에 박히는 문장을 발견했다면 그것으로 깨닫고 만족했다면 되는 것이다. 잘했다 못했다고 왈가왈부할 사람도 없다. 그저 본인 스스로가 오늘 부족했다 느끼면 내일은 좀 더 다른 시도를 해 볼 기회가 열려있다. 수많은 기회 속에서 스스로 해 나가는 것이다.

열악한 환경 속에서도 꿋꿋이 시련을 이겨내고 성공의 열매를 맛보는 많은 사람들을 책에서 만났다. 그들은 현실을 탓하지 않았다. 현실이 힘들면 힘들수록 오뚝이처럼 벌떡 일어서는 사람들이었다. 세상은 평생 불행한 사람도 평생 행복한 사람도 없다. 오르막길이 있으면 내리막길이 있듯이 오르고 내리고를 반복하며 인생을 채운다는 것도 나는 책에서 배웠다.

앞에서도 이야기했듯이 평소에 나는 퇴근하고서도 집안일을 하느라 바빴다. 시간이 난다고 하더라도 어느새 TV 앞에 앉아있는 나를 발견하곤 했다. 그리고 새벽 1시가 넘어야 잠자리에 드는 습관이 있었다. 또 아침잠이 많아 알람을 3회씩 맞춰 놓고 잤다. 이러한 습관을 고치고 싶어 하던 찰나, 김태광 작가의 《출근 전 2시간》이라는 책을 접하게 되었다.

이 책은 작가의 인생이 시간 활용으로 인해 바뀐 이야기를 담고 있다. 가난했던 어린 시절, 꿈을 꿀 수 없고 누구나 절망적이라고 할 수밖에 없는 현실 속에서도 결코 꿈을 잃지 않고 평범하게 살기를 거부한 작가의 인생이 녹아 있다. 그는 아무의 방해도 받지 않는 새벽 시간을 활용하라고 강조한다.

나도 아침 시간이 조용하고 책을 읽기 좋은 시간이라는 것을 알고 있었음에도 실천하지 못하고 있었다. 책을 읽은 뒤 이번 기회에 나도 한번 해 보자고 마음먹었다. 일단은 일찍 잠자리에 들기로 했다. 아침잠이 많은 것은 늦게 자는 것이 원인이라 생각했기 때문이다. 가능하면 11시 전에 잠드는 것을 목표로 삼았다. 그러자 정말 신기한 일이 일어났다. 어느 날부턴가 아침 5시 30분에 눈이 떠졌다. 30년이 넘게 알람이 울려야만 억지로 눈을 떴던 내가 스스로 깨어난 것이다. 기분이 너무 좋았다.

그날부터 나는 알람 없이 기상한다. 물론 습관이 되어 지금도 알람을 2회 정도 맞춰 놓고 자기는 한다. 그래야 안심이 되기 때문이다. 이렇게 일찍 일어나서 주어진 시간은 모조리 책 읽기에 썼다. 1시간 정도의 시간이 생겼고, 그동안 나는 자기계발서는 1/2, 좀 느리면 1/3 정도를 읽을 수 있었다.

생활 습관을 조금 바꾸기만 해도 책 읽기와 글쓰기를 영순위에 놓을 수 있다. 조금만 생각을 바꾸어 보면 답이 나온다. 나이 들어서 하는, 어른이 되어서 하는 공부는 누구의 간섭도 받지 않는다. 이것은 장점인 동시에 단점이다.

시간에 쫓겨 가며 머리 싸매고 공부하지 않아도 되는 것은 장점이지만 오히려 느긋해지기 때문에 순위에서 밀려날 수 있다. 하지만 배워야 한다는 마음가짐, 책을 손에서 놓지 않겠다는 마음, '인생을 좀 더 알고 싶다'는 호기심이 바로 인생을 바꿀 수 있는 열쇠다. 그래도 당신은 진짜 인생 공부를 후순위에 놓겠는가?

오랫동안 길들여진 습관을 바꾸기란 쉽지 않다. 하지만 앞으로도 계속 쉽지 않다고 생각하면 더 할 수 없게 된다. '나는 할 수 있다!'로 생각을 바꾸면 누구나 가능하다. 출근 전 1시간, 퇴근 후 1시간만 투자하면 생각이 달라지고 습관이 달라지고 인생이 달라진다. 나는 이렇게 하루 1시간을 공부에 우선순위를 두고 꾸준히 책을 읽어 왔다. 당초에 목표한 것은 아니었지만, 2권의 저서를 집필했으며 지금 세 번째 책을 쓰고 있다. 물론, 그 행복감은 이루 말할 수가 없다. 이 모든 것은 배움을 영순위에 놓았던 결과다. 당신도 한번 시도해 보길 바란다.

## 07

# 진검승부에서
# 선택과 집중하라

행복에게는 날개가 있다.
붙들어 두기란 어려운 것이다.
- 프리드리히 실러 -

    고등학교 2학년 때 우리 마을에 처음 전기가 들어 왔다. 나는 그 정도로 깊은 산골 마을에 살았다. 초등학교 다닐 때는 마을의 산과 강을 앞마당처럼 휘젓고 다녔다. 산딸기도 따 먹고, 다래도 따 먹고. 산과 강가에는 먹을거리가 정말 많았다. 나는 학교까지 2km 정도를 걸어서 다녔다.

    집으로 가던 어느 날이었다. 남자아이 셋, 여자아이 둘과 함께 집으로 가기 위해 한창 산을 오르던 중 조그마한 새 한 마리가 먹이를 찾는 것인지 풀을 톡톡 쪼고 있었다. 그 모습을 구경할 새도 없이 구렁이 한 마리가 나타났다. 그리고 작은 새를 잡아먹을 듯이 혀를 날름거리며 다가왔다. 우리는 그 작은 새가 바로 도망

갈 것이라고 생각했다. 하지만 새는 도망가지 않았다. 오히려 뱀의 머리를 쪼기 시작했다. 구렁이에게 작은 상처도 입히지 못할 정도로 미약한 공격이었다. 구렁이는 새에게 서서히 반격을 시작했다. 새는 공격을 피하며 구렁이 머리의 한 부위만 집중해서 계속 쪼아댔다.

얼마를 쪼았을까? 아마도 수백 번은 되는 것 같았다. 한 곳만 집중적으로 쪼인 뱀은 상처를 입고 슬그머니 수풀 속으로 그 꼬리를 감추었다. 작은 새가 커다란 구렁이를 물리치고 살아난 것이다. 작은 새가 어떻게 구렁이를 물리칠 수 있었을까?

비결은 바로 작은 새의 공격방법에 있었다. 새는 구렁이의 머리 중에서 한 곳만을 선택하여 목숨 걸고 집중적으로 공격한 것이다. 목숨을 걸었기에 목숨을 구한 것이다. 즉, 작은 새는 '선택과 집중'을 한 것이다. 한 가지 일을 선택하여 온 힘을 쏟으면 아름다운 열매를 맺는 날이 반드시 온다. 낙숫물이 바위를 뚫듯, 수억 년을 방울방울 매달리고 떨어진 석순과 종유석이 만나 아름다운 돌기둥을 만들 듯, 우리도 어느 한 가지 일이나 공부에 열중하여 열정을 쏟는다면 이루지 못할 것은 없다.


오늘은 일요일이다. 직장에 나가지 않아도 되고 새벽부터 해야 할 일이 딱히 있는 것도 아니다. 그런데 5시에 잠이 깼다. 눈을 감고 계속 공부에 대해 생각하고 있었다. 많은 문제와 해법이 떠올랐다. 빨리 쓰고 싶었다. 그래서 지금 키보드를 두드리고 있다.

지난 1년 동안 나는 한 가지만 생각했다. '행복하려면 어떻게 해야 하나?'라는 과제를 정하고, 길을 가면서도 운전을 하면서도 고민했다. 나는 책을 읽을 때 행복했다. 그리고 하나하나 알아가는 나 자신을 발견했을 때 행복했다. 그 후로 나는 TV를 볼 생각도 하지 않았고, 친구들과 어울려 소주 한잔 기울이는 것도 잊었다. 오직 한 가지만 생각하는 시간들이 이어졌다. 선택한 것에 목숨 걸고 책을 쓰고 있는 것이다.

아래는 신태순 작가의 《나는 하루에 4시간 일하고 1,000만 원 번다》라에 나오는 내용이다.

"돈은 매우 중요한 요소다. 하지만 그보다 더 큰 원동력이 있으니, '배움'이다. 배움을 통해 나는 매일 새로 태어나는 기분을 느낀다. 어제의 나와 오늘의 내가 달라지게 만드는 가장 중요한 요소가 배움이다. 배우지 않으면 새로워지지 않는다."

그는 영업에 대해 아는 것이 아무것도 없었기에 하나씩 몸으로 부딪히면서 배워나갔다. 강의 듣기와 공부 등, 오직 배움에 대한 열정으로 대출까지 받아가며 투자했다고 한다. 그러나 그는 여전히 사업을 잘 모르고, 배워야 할 내용이 까마득하다고 말한다. 이어서 그는 "앞으로 내가 얼마나 더 새로워질지를 생각하면 가슴이 뛴다."고 말하고 있다. 그렇게 배움을 우선순위에 놓고 자신이 하고 싶은 강의와 공부라는 선택과 집중을 실천한 그는 지금 책 제목대로 하루에 4시간 일하고 1,000만 원을 버는 사업가가 되었다.

우리는 늘 생각한다. '시간 날 때 공부해야지' 그러나 시간은 절대 우리를 기다려주지 않는다. 일단 집중하고 본인이 평소 하고 싶은 일이 무엇인지, 이루고자 하는 꿈이 무엇인지 눈을 감고 생각해 보자. 분명 한 가지 정도는 떠오를 것이다. 일단 선택한 뒤 명료하고 효율적인 생각을 해야 한다. 그리고 7일 정도는 자유를 만끽한 뒤 3개월만 집중과 투자를 하자. 판단이 섰다면 뒤돌아보면 안 된다. 내면의 소리에 귀를 기울여야 한다. 아무것도 안 들린다고? 안 들리는 게 아니라 못 듣는 것이다. 이럴 때일수록 한 가지에 집중해야 한다.

인간은 위기가 왔을 때 선택과 집중이 쉬워진다. 이는 선택하지 않을 수 없고 집중하지 않을 수 없기 때문이다. 다른 길이 없을 때 우리는 최선을 다한다. 즉 집중하는 것이다.

영화 《벤허》의 윌리엄 와일러 감독은 "하나님, 정말로 이 작품을 내가 만들었습니까?"라고 반문했다고 한다. 선택과 집중한 결과이며, 몰입한 결과다. 나도 한번 이렇게 말해 보고 싶다.

"신이여, 이 책을 정말로 제가 썼습니까?"

책을 읽고 쓰는 동안에도 나는 유튜브에 올라와 있는 강의를 매일 1시간 이상 보고 듣는다. 잠자리에 들 때도 취침예약 2시간을 맞춰 놓고 잠자리에 들어간다. 혼자 밥을 먹게 될 때면, 태블릿과 함께한다. 태블릿은 휴대전화보다 스피커 성능이 좋아 듣기가 편하다.

며칠 전 유튜브에서 공부법을 찾다가 어울림 아카데미 한재우 소장의 '직장인의 공부방법'이라는 동영상을 보게 되었다. 공감가는 부분이 많아 여기에 소개하고자 한다. 그가 제시한 공부방법은 이렇다.

첫째, 공부는 매일 조금씩 하기
둘째, 공부성과를 좌우하는 가장 큰 요소는 시간이다.
셋째, 공부성과가 나오지 않는 가장 큰 원인은 학습량 부족이다.

그리고 반복 학습, 컨디션 조절, 목표설정의 합리성 등을 제시했다. 처음에는 몇 가지만 인용하려고 했지만, 내용이 크게 공감되는 부분이 많아 옮기게 되었다. 그리고 여기에 한 가지를 더하고 싶다. 바로 '선택과 집중'을 하라는 것이다.

나는 3년 동안 많은 강의를 듣고 책을 읽었지만 1년 전까지는 딱히 '이것이다' 하고 정해 놓고 한 것이 없었다. 그냥 손에 잡히는 대로 소설도 읽다가 역사서, 철학서, 의식성장 책을 비롯한 자기계발서 등을 읽었다. 그래서 나는 한재우 소장의 공부방법에다가 선택과 집중을 더해서 한다면 금상첨화가 아닐까 생각한다.

시간은 무한히 주어지지 않는다. 이것은 누구나 다 알고 있는 사실이다. 이 정해진 시간을 내 편으로 만들기 위해서 선택과 집중은 이제 선택이 아닌 필수다. 산다는 것은 선택들의 집합이며 승패는 집중한 시간의 결과다. 즉 옳은 선택과 집중이 인생을 좌우한다는 뜻이다.

앞 장에서 얘기했듯이 우선순위를 정했다면 나머지 일은 버려라. 버리지 못해 모두 다 끌어안고 다 잘하고자 하다가는 한 가지도 잡지 못할 수가 있다.

살아오면서 특별히 보람을 느끼거나 성취감을 맛보지 못했는가? 남들이 평범하다고 생각하는 삶을 이어 왔는가? 아직 늦지 않았다. 배움에 뜻을 두어라. 그리고 자신이 가장 하고 싶은 것, 잘하는 것을 선택하라. 그리고 몰두하라. 당신 인생의 진검승부에서 선택과 집중을 가슴에 새겨라!

## 08

# 인생 이모작,
# 지금부터 준비하라

해야 할 것을 하라. 모든 것은 타인의 행복을 위해서,
동시에 특히 나의 행복을 위해서이다.
- 톨스토이 -

"지금껏 정해진 레일 위를 달려왔다면, 그래서 종착역이 너무 뻔하다면, 지금이라도 당장 그 레일 위에서 내려와야 한다. 진짜 인생은 어쩌면 레일 밖에 있을지 모른다. 정해진 레일 위를 달리기보다는, 돌아볼 때마다 아름다운 레일이 만들어지고 있는 삶을 보라. 더 멋지고 더 황홀한 더 자유롭고 행복한 인생을 향해 새로운 레일을 놓아라."

가슴 벅찬 메시지다. 이 문구를 접하고 가슴이 두근거렸다. 하우석의 《내 인생 5년 후》에 나온 말이다. 나도 지금까지 레일 위를 걸어왔다고 생각한다. 정해진 길이다. 그런데 이것이 과연 내

인생인지는 의문이 든다. 내가 원하는 삶인가 다시 한번 뒤돌아봤다. 결론은 아니었다. 나는 그저 살기 위해서 남들과 똑같은 인생을 살았다. 앞으로도 과거와 변함없는 똑같은 길을 계속 걸어가야 할까?

평균 수명이 60~70세라면 정년퇴직하고 좀 쉬면서 살아도 아무런 문제가 없을 것이다. 그러나 바야흐로 100세 시대. 지금의 30, 40대는 100세를 능히 살고도 남는다고 한다. 지금의 10, 20대는 5~6가지의 직업을 가지고 살아야 할 것이라는 말도 있다. 이제 한 직장에서 평생 정년퇴직까지 버티기는 힘든 시대가 왔다. 설령 정년까지 다닌다고 해도 100세까지 남은 기간은 40년이다. 이 시간을 그저 편안히 안락의자에 앉아 '그동안 열심히 살아왔으니 이제는 쉬어야지' 하며 살 것인가?

미국의 소설가 토머스 울프는 《그대 다시는 고향에 가지 못하리》라는 책에서 이렇게 말했다.

"더 큰 사랑을 찾기 위하여 지금 가장 사랑하는 친구를 잃어버릴 것. 더 큰 당신을 찾기 위하여 지금 그대가 딛고 있는 땅을 잃어버릴 것."

떠난 길을 다시는 돌아가지 말라고 한다. 이렇듯 우리는 새로운 세상을 향해 나아가야 한다. 현재에 주저앉지 말고 한발 내디뎌야 한다.

첫째 아이가 초등학생 때 우리 가족은 면목동 금호아파트에 살았다. 옆집에는 남편이 ○○전자에 다니는 부부가 살고 있었다. 그들은 정말 아끼면서 열심히 살았다. 그 부인은 전업주부였는데 어찌나 생활력이 강한지 늘 인형 눈, 셔츠, 단추 등 일거리가 거실 한가득 쌓여 있곤 했다. 살림에 보태고자 집에서 부업을 하는 것이었다.

절약 정신도 강했다. 예를 들면 낮에는 아이들에게 화장실에 갈 때 전등을 켜지 않도록 했다. 옆집은 그렇게 평화로운 가정을 이루고 살고 있었다. 그러던 어느 날 시련이 닥쳐왔다. ○○전자에 다니던 남편이 40대 중반에 회사를 그만두게 된 것이었다. 나는 속으로 '저 집은 이제 어떻게 사나?' 걱정했다. 그러나 억척 아줌마는 다시 일어섰다.

3개월을 순댓국집에서 월급도 받지 않고 일해 주고 영업 노하우를 전수받더니, 마침내 순댓국집을 개업한 것이다. 부인은 주방에서 일하고 남편은 홀 서빙과 배달을 맡아 했다. 그렇게 둘은 순댓국집을 운영하면서 잘 사는 듯 보였다.

불행은 연속해서 찾아온다고 했던가. 이번에는 더 큰 시련이 닥쳐왔다. 남편이 쓰러진 것이다. 뇌출혈이었다. 그분은 그렇게 쓰러진 후 병원의 중환자실을 거쳐 퇴원은 했으나 다시는 자리에서 일어나지 못했다. 그리고 부인은 아직까지도 식당일을 하며 생계를 꾸려가고 있다. 안타까운 모습에 가슴이 아팠다.

과연 이 이야기가 옆집 일, 남의 일이기만 할까? 나는 아니라고 생각한다. 지금 직장은 당신을 위협하고 있다. 세상은 급속도로 바뀌고 있다. 퇴직연령은 '오륙도(56세 퇴직)'였다가 '사오정'으로, 다시 '38선'으로 바뀌었다. 우리는 다음을 준비해야 한다. 설령 정년을 다 채운다고 해도 그 후의 삶은 어떻게 살 것인지 고민해 보아야 한다.

나는 직장에서 몇 개의 친목모임을 하고 있다. 그중 한 모임은 10년이 넘었다. 처음 모임을 시작할 때는 모두 현직에 있었으나 이제는 퇴직한 사람이 네 명이나 된다. 회원 중에 한 명은 팀장으로 퇴직했다. 남들은 연금이 있으니 괜찮지 않으냐고 한다. 그러나 턱없이 부족하다는 것이 퇴직자들의 이야기다. 그분은 회비 3만 원을 낼 형편이 못 되었다. 연금이 나온다고는 하지만 생활비와 대학에 다니는 아들 학비에 쓰고 나면 턱없이 부족하다고 했다.

하루는 총무가 소리 내어 말했다.

"회비는 안 내시는데, 참석은 한 번도 안 빠지시네."

다른 회원이 얼른 검지를 코앞으로 대며 눈치를 주었다.

"쉿! 그런 얘기 저분 귀에 들어가지 않도록 해. 회비도 못 내면서 나오시는 분 심정이 오죽하겠어. 우리가 조금 더 내면 돼."

총무도 고개를 끄덕였다. 모임 주기가 3개월인 모임에서 그 선배는 6개월쯤 후부터 모습을 드러내지 않았다.

베이비붐 세대의 은퇴가 시작되었다. 그러나 그들은 준비하지 못했다. 하루하루 바쁘게 지내다 보니 어느새 퇴직 날이 눈앞에 와 있었고 직장을 떠나야 했다. 아무런 준비도 하지 못한 채 세상 속으로 던져졌다.

뉴스에서는 하루가 멀다고 치킨집 간판이 몸살을 앓고 있다는 소식을 전한다. 퇴직 후 가장 손쉬운 방법으로 창업을 선택하는 것이다. 그러나 창업은 그리 호락호락하지 않다. 철저한 준비와 계획이 있어야 길거리로 내몰리지 않을 수 있다. 뉴스에서는 새로 개업한 치킨집이 3년을 넘기기가 힘들다고 한다. 간판은 수시로 교체되고 있다. 또 다른 은퇴자가 그 간판을 이어받는 것이다. 이것이 현실이다. 자신이 실패하리라 생각하지 않지만, 그것은 환상에 불과하다.

당신이 30대 이후라면 나이에 상관하지 말고 지금부터 또 다른 인생을 준비해야 한다. 현대는 한 가지 직업만으로 살 수 없다. 은퇴 후에도 남아있는 인생이 너무 길다.

서울시에서는 50~64세 중장년층의 인생 이모작을 지원하기 위한 '50+ 종합지원대책'을 발표했다. 중랑구청에서는 퇴직 예정자들을 위해 '행복한 인생 재설계' 프로그램을 개설했다. 은퇴 후 새로운 환경변화에 능동적으로 대처할 수 있도록 재무관리, 자원봉사, 건강관리 등 미래 설계를 위한 기본 및 소양 교육과정을 진행한다. 은퇴는 지자체에서도 발 벗고 나설 만큼 우리 눈앞에 닥친 현실이 되었다.

은퇴는 이제 먼발치에서 바라보는 산허리가 아니다. 바로 발등에 떨어진 불이 되었다. 제1의 인생인 직장을 떠나 다시 살아야 하는 제2의 인생이 기다리고 있다. 나이에 상관하지 말고 지금부터 준비해야 한다. 자신이 좋아하는 일, 잘하는 일, 오랫동안 해온 취미생활, 관심 있는 일 등 어떤 것이든 괜찮다. 인생 이모작, 지금부터 준비하자!

PART
3

휘둘리지 않는
인생을 살아가라

## 주도적 인생

## 01

# 먼저,
# 나부터 사랑하라

행복은 바로 지금 행복한 감정을
느끼는 것이다.
– 패트리샤 소녀 –

 

내게도 자존감이 떨어져 매 순간 사는 것이 버거운 시간이 있었다. 아침에 눈을 뜨고 거울을 보면, 그 속에는 삶의 의미를 잃어버린 한 여자가 찡그린 얼굴로 서 있었다. 더는 보고 싶지 않아 거울 앞을 떠났다. 나는 한동안 삶이 의미 없게 생각되었다. 직장도 마지못해 출근했다.

어느 날은 일찍 주차장에 도착해서도 사무실로 올라가기가 싫어 출근 시간에 맞춰 올라가곤 했다. 집에서도 마찬가지였다. 가족들을 위해 밥 짓는 것도 귀찮았다. 빨래도 청소도 모두 아무런 의미를 느낄 수 없었다. 그렇게 하루하루를 무의미하게 지내던 중 인문학 지원단체인 〈플라톤 아카데미〉에서 주최하는 인문학 아고라 'Who am I?'라는 강의를 접하게 되었다. 이 강의는 10회에 걸쳐 경희대학교에서 진행되었다. 모든 강의가 나에게 많은 공감과 감동을 주었다.

그중 기억에 남는 강의가 있다. 8번째 경희대 정용석 교수의 〈나는 이미 기적이다〉라는 강의였다. 내용은 이러했다.

"나는 불가사의한 존재다. 지구에 태어난 사람의 숫자를 다 합쳐도 500억이 안 된다. 인간이 태어날 확률은 1/10의 400승이다. 50억 년 전 지구의 탄생에서부터 멸망까지 나는 단 한 번만 존재한다. '어찌 내가 나를 사랑하지 않을 수 있겠습니까?' 당신이 이 세상에 온 것은 이미 기적이다."

가슴이 '쿵' 하고 울렸다. 처음 듣는 이야기도 아니었는데 마음에 큰 울림이 일었다. 이 강의로 인해 나를 되짚어보고 나에게 사랑을 주는 계기가 되었다.

세상에서 가장 위대한 사랑은 바로 자기 자신을 사랑하는 것이다. 그동안의 나는 다른 사람들과 시간을 보내며 그들과 잘 지내기 위해 애쓰고 나 자신보다 더 잘 알고자 했다. 그들과 놀고 싶어 하고 그들과 같아지길 바라며 살아왔다.

그 누구도 아닌 나를 가장 먼저 사랑해야 한다는 사실을 알아채야 했다. 아침에 눈을 떠서 잠들 때까지, 아니, 자면서도 나를 돌보는 것도 나 자신이요, 나를 가장 사랑하는 것도 나 자신이다. 다만 그것을 느끼지 못하며 살아왔을 뿐이다. 우리가 살아가는

데 필요한 공기, 물, 햇빛의 고마움을 느끼지 못하는 것처럼 다른 사람들 속에서 살아가느라 정작 나 자신을 아끼고 사랑하지 못하며 살아온 것이다.

문제는 마음이었다. 나를 바라보는 생각이었다. 나는 지금부터 나를 챙기고 나를 사랑하며 행복하게 살기로 했다.

서울의 명문여대를 다니던 예쁜 여학생이 있었다. 그러던 어느 날 교통사고로 생사를 오가며 30번이 넘는 수술을 견뎌내야 했다. 그 후 변해 버린 외모로 새로운 삶을 살아가고 있다. 그녀는 바로 《지선아 사랑해》로 유명한 이지선 씨다. 그녀는 자신의 저서에서 이렇게 말했다.

"사고는 고난의 시작이기도 했지만 새로운 삶의 시작이었습니다. 어느 누구도 예기치 못했고 계획한 적도 없고, 꿈꾼 적은 더더욱 없었던 사고였지만, 그 사고는 제게 새로운 계획을, 새로운 꿈을 꾸게 해 주었습니다. 고난과 함께 전혀 다른 외모뿐 아니라 새로운 마음의 모양도 갖게 되었습니다."

교통사고로 달라져 버린 외모와 모든 것이 변해 버린 상황 속에서도 희망을 잃지 않고 살아가는 그녀의 모습에 눈물이 난다. 꿋꿋하게 새로운 삶을 살고 있는 그녀의 삶을 진심으로 응원한다.

사람들은 늘 타인의 시선에 마음을 쓴다. 자신을 그냥 있는 그대로 받아들이지 않고, 인정하지 않는다. 자신을 인정해야 자신감은 물론 더 나은 자신의 모습을 발견할 수 있음에도 자신을 너무 소홀히 대한다.

사는 것이 괴롭다고 느낄 때면 술로 달래는 시간이 많았다. 결국 스스로를 학대한 것이다. 좀 더 나은 방법을 찾지 않았다. 달라지고자 결심한 뒤 나는 진정한 나를 찾고 사랑하기로 했다. 요즘은 술도 거의 마시지 않는다.

나는 사람들과 어울려 말하기를 좋아했다. '이번 모임에서는 말을 줄여야지' 생각하면서도 유머라는 명분으로 어느새 큰 소리로 이야기하고 있는 나를 발견하곤 했다. 그동안은 단점이라고 생각했다. 그러나 그 단점은 나에게 강연가의 꿈을 키워 주었다. 나는 말하는 나를 사랑하기로 했다.

어린아이는 자신을 챙긴다. 배고프다고 울고 쉬했다고 칭얼댄다. 갖고 싶은 장난감이 있으면 장난감 가게 앞에 털썩 주저앉아 자신의 의견을 관철시키기도 한다. 모두 자신을 사랑하기 때문에 나오는 행동이다. 자신에게만 집중하기 때문이다. 그러나 어른이 되면서 우리는 나 자신보다 남을 먼저 생각하고 저 사람이 나를 어떻게 생각할까, 남들의 평가에만 신경을 쓰게 된다. 그러다 보니 자신을 숨겨 버리고 하고 싶은 말도 제대로 하지 못하며 산다. 그것을 배려라는 이름으로 포장한다.

이제는 나 자신을 사랑하고 나부터 배려해야 한다. 그렇게 '나 자신부터 사랑해야 할 이유'를 찾아 많은 책을 읽던 중 에스더 힉스와 제리 힉스 부부가 공동 저술한 《볼텍스》에서 그 답을 찾을 수 있었다.

"당신은 애초에 멋진 삶을 구가하기로 되어 있었습니다. (중략) 당신은 창조자이며, 기쁘고 만족스러운 창조의 경험을 할 수 있는 막대한 잠재력의 환경 속으로 들어가게 될 것임을 알고 있었습니다. 당신이 바로 창조자이며, 지구별에서의 체험이야말로 수없이 많은 기쁨에 넘치는 창조를 시작하게 될 완벽한 무대가 되어줄 것이었습니다. 당신은 그것을 잘 알고 있었습니다. 그리하여 당신이 지금 여기에 있게 된 것입니다. (중략) 당신은 독자적으로 결정하여 자기만의 기쁨에 넘치는 체험을 창조하기 위해 세상에 오기로 되어 있었던, 막강한 창조자였던 것입니다."

우리는 모두 창조자다. 이런 위대한 나를 어찌 사랑하지 않을 수 있을까. 우리는 스스로에게 자기 삶의 주인으로 살고 있는지 물어보아야 한다. 위대한 창조자인 자신을 얼마나 사랑하고 있는지 스스로에게 질문해 보자.

세상 사람들이 만들어 놓은 틀 속에 당신을 가두고 성공의 잣대를 들이대며 자신을 비하하고 있지는 않은지 돌아보아야 한다. 키, 얼굴, 아파트 평수, 통장잔고, 직장에서의 위치, 인간관계… 이런 것들로 당신을 평가하지는 않았는지 생각해 보자. 이렇게 정해진 기준에 따라 자신을 과소평가하지는 않았는지, 나를 함부로 대하지는 않았는지 말이다. 남을 탓하기 전에 먼저 당신 자신부터 돌아보라.

 자존감은 스스로 지켜야 한다. 누가 침해하면 맞설 수 있어야 한다. 나를 지킬 사람은 나뿐이다. 이제는 다른 사람의 사랑에 목매지 말고, 다른 사람의 평가에 목메지 말고, 나부터 사랑하자.

## 02

# 혼자 있는 시간을 즐겨라

행복은 산울림과 같다.
당신에게 대답은 하면서 찾아오지 않는다.
– 칼멘 실봐 –

우리는 늘 무리 속에서 살아간다. 혼자인 경우는 많지 않다. 혼자 있는 시간은 복잡한 세상과 매일 반복되는 일상에서 잠시 벗어나 자신의 현재 상황과 미래에 대해 충분히 생각해 보는 시간이다. 가끔은 나에게 초점을 맞춰볼 시간이 필요하다. 세상 사람들이 보편적 상식이라고 말하는 각종 상황들을 타인의 잣대가 아닌 내 가슴으로 한 번쯤 의심해 보는 시간을 말이다. 이런 시간들은 나를 내가 원하는 방향으로 나아가게 해 준다.

나는 그 시간을 갖기 위해 6월 하순쯤 오서산 휴양림으로 혼자 떠났다. 3일째 되는 날, 아침 일찍 일어나 처음으로 산에 올랐다. 조용히 혼자 산을 오르는 시간. 정말 오랜만이었다.

20분쯤 올라갔을 때였다. 아무도 없는 공간이 약간 무섭게 다가왔다. 며칠 전 뉴스에서 본 여성을 노리는 여성 혐오 범죄가 생각났다. 그때 문득 닐 도날드 월쉬의 책 《신과 나눈 이야기》의 한 대목이 떠올랐다.

"병이 들었지만 산도 움직일 만한 믿음을 갖고 있어서 자기 몸이 곧 나을 것으로 말하고 믿었는데… 불과 6주 뒤에 죽은 사람의 경우는 어떻습니까? 이건 그 모든 낙관이나 긍정적인 행동 양식들하고 어떻게 부합되는 겁니까?"
그러자 신이 답했다. (중략)
"산도 움직일 만한 믿음을 가졌으나 6주 뒤에 죽은 사람은 6주 동안에 산을 움직였다. 아마 그에게는 그걸로 충분했을 것이다. 아마도 그 사람은 마지막 날 마지막 시간에, '좋아 이만큼 했으면 충분해. 이제 나는 또 다른 모험을 떠날 준비가 됐어'라고 결정했을 것이다."

무엇인가를 향해 가는 과정은 아름답다. 설령 그 끝을 보지 못한다 하더라도. 그렇게 나는 책의 한 대목을 떠올리며 정상을 향해 올라갔다. 정상에 다다르자 가슴이 후련해졌다. 여럿이 왔으면 자리 깔고 먹고 마시느라 느끼지 못했을 기쁨이 느껴졌다.
주위에는 꽃들이 참 많이 피어있었다. 열 가지도 넘는 꽃 중에 내가 아는 꽃이라고는 어릴 적 강가에 많이 피어있던 패랭이꽃밖에 없었다. 꽃에 대한 상식이 부족함을 느끼며 주위를 둘러보니, 한 장소에 수백 송이가 피어있는 꽃들 사이로 혼자 피어있는 꽃들도 눈에 들어왔다. 어울려 핀 꽃들도 아름다웠지만, 혼자 피어있는 꽃도 아름다웠다. 아니, 혼자 자신만의 색깔로 자신의 향기를 뿜어내는 꽃들이 더 아름다워 보였다. 편안해 보였다. 무리 속에 섞여 있는 꽃들은 세상으로부터 비교를 당하는 것 같았다.

'너는 키가 크네, 탐스럽네, 너는 왜 이리 못났니, 넌 너무 안 예쁘구나.'

사람들은 늘 비교하는 것이 습관화되어있다. 그리고는 잘난 꽃들을 가려낸다. 잘난 꽃에만 관심을 두고 다가간다. 무리 중에 있으면 어떤 형태로든 비교의 대상이 된다. 혼자 피어있으면 자랑할 필요가 없다. 못났다고 한탄할 필요도 없다. 어차피 여기서는 내가 일등이다.

그러나 세상 사람들은 혼자 있는 사람을 경계한다. 이번에 혼자 여행을 오면서 또 한 번 느꼈다. 휴양림 관리사무실 입구에 들어서자 관리원이 물었다.

"투숙 인원이 몇 명이신가요?"

"2명이요, 한 사람은 회사 끝나고 이따가 올 거예요."

자살률 1위라는 우리나라의 사회 분위기에 잔뜩 눌려있던 내가 무심코 거짓말을 한 것이다. 혼자 짐을 싸서 산속으로 왔으니

'혹시 저 여자 자살하려는 거 아닐까?' 하는 사람들의 의심을 피하기 위한 나름의 방어였다.

나는 가끔, 아주 가끔 혼자 여행을 한다. 불편한 것도 어색한 것도 많다. 특히 먹을 때가 제일 그렇다. 혼자 짜장면을 먹으려 해도 사람들의 시선이 느껴진다.

대천해수욕장에 갔을 때의 일이다. 바닷가에 왔으니 회를 먹고 싶고, 소주도 한잔 하고 싶었지만 꾹 참고 바지락 칼국수를 먹으러 갔다. 그런데 그날은 정말 소주가 한잔 먹고 싶었다. 나는 바지락을 골라내다가 참지 못하고 "여기요. 소주 한 병만 주세요." 하고 종업원을 불렀다. 순간 음식점 안에 있던 모든 사람들의 시선이 안 보는 척하면서 힐끗힐끗 나를 향하고 있었던 것을 느꼈다. 잠시 후 종업원이 소주 한 병을 들고 내 앞에 오더니, 급기야 우려했던 한마디를 했다.

"저, 혼자 오셨어요?"

애매한 목소리다.

"예, 혼잔데요."

나는 속으로 '그래! 혼자 왔다. 왜? 혼자 소주 마시면 안 되냐?' 외치며 따가운 시선을 무시하고 소주 한 병을 비우고 음식점을 나왔다. 그리고 '언제쯤 사람들은 혼자 있는 사람을 그냥 자연스럽게 대해줄까?' 생각하며 숙소로 돌아왔다.

우리는 늘 관계 속에서 살아간다. 사람들에게서 행복을 찾으려 한다. 당연히 좋은 사람들과 함께 있으면 행복하다. 혼자 살라는 의미가 아니다. 가끔, 아주 가끔은 혼자가 되어 보라는 뜻이다. 사람들 속에서 따뜻한 말을 찾지 말고 나를 향해 내가 직접 따뜻한 말을 던져보기도 하라는 의미다. 그러면 조금 외롭더라도 다른 사람 눈치 보며 휘둘리고 끌려가는 것보다는 괜찮지 않을까?

내가 주인이 되는, 나만의 삶을 살 수 있는 방법을 찾아 보자. 혼자 시간을 보내라는 것이 사회생활을 할 필요가 없다거나 관계를 포기하라는 말은 아니다. 집 안에만 틀어박혀 살라는 말도 아니다. 인간은 너나 할 것 없이 다 외로움이 있다. 누구나 마찬가지다. 그러니 이를 인정하고 그 시간을 마음껏 즐겨야 한다.

혼자 있는 세계에서는 좋은 점이 많다. 일단 옷을 챙겨 입지 않아도 된다. 화장도 필요 없다. 즉 얼굴에 가면을 쓸 필요가 없다. 비즈니스 언어(마음에도 없는 말로 상대의 비위를 맞추는 말)를 할 필요도 없다. 나에게만 집중할 수 있다. 책도 마음대로 읽을 수 있다. 내가 좋아하는 음악만 실컷 들을 수도 있다. 누구에게도 방해받지 않고 내가 하고 싶은 일을 할 수 있다. 이 외에도 정말 많다.

사람은 혼자가 되었을 때 내가 좋아하는 것, 내가 살고 싶은 삶, 그리고 다른 사람과의 관계도 돌아볼 여유가 생긴다. 비로소 진실된 자신을 볼 수 있다. 그 시간만큼은 다른 사람의 변두리가 아닌 자기를 중심에 놓고 살아가는 인생을 알게 된다.

　당신도 혼자만의 시간을 가져 보라. 그리고 자신의 미래를 마음속에 그리고 상상해 보자. 남들을 위해서가 아니라 오직 나만을 위한 설계도가 그려질 것이다.

## 03

# 다른 사람 눈치 보지 말고
# 이기적으로 살아라

행복해지는 데는 두 가지 방법이 있다.
욕심을 줄이거나 소유물을 늘리는 것이다.
그 어느 쪽을 선택해도 좋다.
- 프랭클린 -

우리는 살아가면서 알게 모르게 내 생각보다는 상대방의 생각에 초점을 맞추고 내 자신의 눈치가 아닌 다른 사람 눈치만 보기에 바쁘다. 그래서 세상살이는 늘 고달프다. 오히려 우리가 어렸을 때는 자기만 생각했는데, 점점 배려라는 이름으로 남의 눈치를 보게 된 것이 아닌가 생각한다.

아이들을 보면 정말 자기밖에 모르는 것 같다. 이 때문에 아이를 키우며 겪은 난처한 사건들이 떠오른다. 나는 아들 둘이 있다. 막내아들은 큰아들이 초등학교 3학년 때 태어났다. 내 나이 37살에 태어난 막내는 나와 띠동갑이다. 아이는 '강아지띠', 나는 '개띠'라고 칭한다.

아이가 5살 때였다. 그때 나는 중화동 주민센터에서 서무주임을 맡고 있었다. 주민센터에 근무하다 보면 저녁 퇴근 후에 각종 단체들의 월례회의에 참석하는 일이 많다. 보통 동장, 계장, 서무주임, 그리고 단체 담당이 참석을 하게 된다. 나는 서무주임이라 많은 단체에 참석해야 했다. 저녁 모임에 참석하려면 보통은 아이를 집에 데려다 놓든지 아니면 자취를 하던 조카들에게 주로 맡기곤 했는데 그날은 모두들 약속이 있어 아이를 맡길 곳이 없었다. 할 수 없이 막내아들 지원이를 데리고 모임에 참석하게 되었다.

단체 이름은 '주부○○봉사단체'였다. 이름에서도 알 수 있듯이 주로 살림만 하던 주부들을 주축으로 구성되었다. 주부답게 단체 살림도 알뜰살뜰하게 아껴가며 했다. 저녁 식사도 보통 비싸지 않은 메뉴로 주문해서 먹었다. 그날도 월례회의에서 지난달 사업실적보고와 다음 달 계획 등을 발표하고 간단하게 국수만 먹고 헤어지기로 했다. 회원이 12명쯤 되었는데 잔치국수, 비빔국수, 콩국수 등을 주문하고 있었다. 그러다가 우리 차례가 왔다. 나는 비빔국수를 주문했다. 그리고 지원이에게 물었다.

"우리 지원이는 뭐 먹을까?"

지원이는 아주 큰 소리로 당당하게 말했다.

"난 삼겹살!"

순간 주변이 조용해졌다. 12명이 넘는 인원이 삼겹살을 먹으려면 비용이 꽤 많이 든다. 국수에 비할 바가 아니었다. 나는 민망하기도 하고 괜히 무슨 죄를 지은 것 같아 아이를 달랬다.

"지원아, 너 국수 좋아하잖아. 오늘은 국수 먹고 다음에 엄마가 삼겹살 사 줄게."

그러나 아이는 자기 생각을 굽히지 않았다.

"나는 오늘 삼겹살이 먹고 싶단 말이야. 국수를 다음에 먹으면 되잖아."

난감했다. 거기서 아이를 야단칠 수도 없었다. 그렇다고 다들 국수를 먹고 있는데 아이만 삼겹살을 주문해 줄 수도 없었다. 그때 모임의 회장을 맡고 있던 최 여사님이 나섰다.

"저기요. 오늘 우리도 삼겹살 먹읍시다. 정 주임님 아들이 이렇게 삼겹살 먹고 싶다는데, 우리도 오랜만에 아이 덕분에 목에 기름칠 좀 합시다."

그렇게 저녁 메뉴는 삼겹살로 바뀌었고 소주도 한잔씩 곁들이며 맛있게 먹었다. 하지만 먹는 내내 마음이 불편했다. 다음부터는 이 녀석을 절대 데리고 오지 말아야겠다고 생각하고 있을 때 옆에 계시던 회원 한 분이 웃으며 말씀하셨다.

"어이, 꼬마! 고맙다. 네 덕분에 오래간만에 잘 먹었다. 다음에도 꼭 와라."

지금 생각해 봐도 웃음이 떠오르는 사건이다. 그날 당당하게 삼겹살을 주문했던 막내아들은 지금 군대에 가 있다. 나는 지금도 아이의 말을 무시하지 않고 분위기도 어색하지 않게 잘 이끌어 주신 회장님과 회원분들께 감사했던 마음을 잊을 수가 없다.

한 가지 사례를 더 이야기해 보겠다.

서울에 살고 있는 친정 조카가 네 명이 있다. 모두 아이가 있는 엄마들이다(그중 막내 오빠의 맏딸인 조카는 아이가 둘인데 막내가 네 살이다. 이름은 경준이다). 조카들과 나는 가끔 모여서 삼겹살 파티를 하곤 했다. 그날도 삼겹살에 소주 한잔씩 먹고 집으로 가려고 엘리베이터를 탔다. 우리는 서로 배웅 인사를 주고받고 있었다. 잘 가라, 다음에 보자, 차 조심해라, 김치 잘 먹을게 등 한참 인사를 주고받는데 갑자기 경준이가 한마디 했다.

"나도 잘 갈게. 왜 나한테는 아무도 잘 가라고 인사 안 하는 거야!"

우리는 깜짝 놀랐다. 아이한테 인사할 생각은 아무도 못 했기 때문이다. 그 속에서 아이는 자신의 존재를 알린 것이다.

삶의 궁극적인 목표는 나를 표현하는 것이란 이야기가 있다. 알고 그러는 것은 아니겠지만 어릴 때는 자신을 곧잘 표현한다. 장난감 가게를 지나가다 사달라고 길거리에서 떼를 쓰기도 하고 밥 먹기 싫으면 안 먹겠다고 버티기도 한다. 그러나 어른이 되면서 점점 자신의 말들을 잃어 간다.

내 생각보다는 남의 생각을 먼저 헤아리고 내가 먹고 싶은 것보다는 무리의 의견이나 상사의 지시에 따르고 만다. 세상을 살다

보니 그것이 편하게 살아가는 방법이라는 것을 터득했기 때문이다. 사람들은 개성 있는, 튀는 사람을 별로 좋아하지 않는다. '아니요'라고 말하는 사람보다 '예'라고 말하는 사람을 더 좋아한다. 나 역시 이런 틀에 갇혀 살아왔다.

한 번은 점심시간에 옆에 앉은 동료가 중국집에서 한턱내겠다고 해서 우리 팀 직원 3명과 또 다른 팀 직원까지 모두 합쳐 7명이 중국집으로 갔다. 그리고 각자 먹을 것을 주문했다. 주문 내역은 짜장면이 3명, 짬뽕 2명, 볶음밥 1명, 그리고 나머지 한 명은 한참을 망설이더니 조심스레 말했다.

"음, 나는 유산슬밥!"

모두의 표정이 비슷했다. '이건 뭐지. 쟤 정상이야?' 하는 표정이었다. 우리는 보통 남들이 짜장면을 시키면 똑같이 짜장면을 시키거나 그와 비슷한 가격대의 메뉴를 시킨다. 그런데 그 직원은 남들은 잘 시키지 않는 메뉴를 시켰다. 가격이 비슷하면 아무도 이상하게 생각하지 않을 텐데 짜장면, 짬뽕이 5,000원인 것에 비해 유산슬밥은 1만 원이었다. 이런 경우 당신이라면 그 동료에게 또 밥 사주겠다는 말이 나올까? 아마 다시는 안 나올 것으로 생각한다. 이렇게 자신을 내보이라는 뜻이 아니다. 사회생활을 하다 보면 지켜야 할 것이 참 많다. 때로는 내 생각을 접고 다른 사람과 호흡을 맞춰야 할 때도 있다. 지킬 것은 지켜가며 본인의 의사는 밝혀야 한다는 뜻이다.

우리는 살아가면서 나보다는 남을 먼저 생각하며 살 때가 많다. 그러나 이런 삶을 사는 것은 자신을 억압하고 심리적으로 압박을 주어 결국 우리를 행복에서 멀어지게 하는 것이다. 내 삶의 주인은 나다. 삶의 목표와 사는 방법 역시 내가 선택하고 또 책임져야 한다. 남의 시선을 두려워하지 말아야 한다. 그래야 행복해진다. 내가 먼저 행복해야 사회가 행복해진다.

최고가 아니라 해도 최악도 아님을 기억해야 한다. 돌아보면 잘해낸 경험도 많을 것이다. 잘못했던 한 가지 사실에 얽매여 모든 삶을 비판하지 말아야 한다. 당신이 정말 잘한 일이 얼마나 많은지 찾아보고, 자신만의 장점도 찾아 보자. 이제는 다른 사람 눈치 보지 말고 내 인생으로 한번 살아 보자!

**04**

# 타인에게 휘둘리지 말고 내 인생을 살아가라

> 행복의 원칙은 첫째 어떤 일을 할 것,
> 둘째 어떤 사람을 사랑할 것,
> 셋째 어떤 일에 희망을 가질 것이다.
> — 칸트 —

"어머니, 저 학원 그만 다닐래요. 학원에 다니지 않고, 혼자 공부하는 것이 저한테는 더 나을 것 같습니다."

막내아들은 중학교 2학년 여름방학을 얼마 앞둔 시기에 나에게 무릎을 꿇고 이렇게 말했다. 그 당시 아이는 학교가 끝나면 수학, 영어, 과학, 태권도 학원을 순회하는 것으로 하루를 보내고 있었다. 나는 직장일만 해도 바빴기 때문에 아이를 학원에 보내기만 했을뿐, 무슨 공부를 하는지 챙겨줄 시간이 없었다. 그저 학원을 여러 군데 보내면서 내심 부모의 책임을 어느 정도는 완수했다고 안심하고 있었을 뿐이다.

그때까지 나는 아이가 학원에서 열심히 공부하는 것으로 믿고 있었다. 아마 자식이 학원에 다니지 않겠다는 의견에 그렇게 하라고 쉽게 허락하는 부모는 찾기 힘들 것이다.

일단 아이에게 학원에 다니지 않으려는 이유를 물어봤다. 아이의 대답은 '그동안 학원에 가면 애들하고 노는 재미로 다녔다. 그리고 학원 갔다 오면 집에서는 책 한 권도 본 적 없다. 집에서는 공부를 안 하는 것인 줄 알았다'는 것이다.

조금 당황스러웠다. 그동안 학원에 다니니 어느 정도 공부를 하고 있을 것이라 안심하고 있었는데 걱정이 앞섰다. 그래도 단번에 안 된다고 거절할 수 없어 이렇게 말했다.

"그럼 한 달만 쉬어보고 그때 가서 다시 얘기하자. 그리고 그 안이라도 다시 가야겠다고 생각이 들면 언제든지 말해."

학원과의 인연을 끊은 아이는 고등학교를 졸업할 때까지 다시는 학원에 등록하지 않았다. 늘 혼자 공부했다. 주로 인터넷 강의를 들으며 본인이 자료를 찾고, 10살이 많은 형의 도움을 받아 공부했다.

아이가 학원에 다닐 때는 학원에서 진짜 공부를 하고 있는 건지 신경 쓰지 않았다. '학원에 보냈으니까 당연히 공부 잘하고 있겠지' 하고 안심했다. 내 할 일은 다한 것 같았다. 그런데 아이가 학원을 끊자 불안해졌다. 부모의 역할을 다하지 못하는 것 같았다. 마치 돈 들여서 학원이나 과외를 시켜주는 것이 부모의 역할인 것처럼 생각되었다.

막내가 학원을 끊고 집에서 공부하던 어느 날 이런 말을 했다.

"엄마, 저는 학원 다닐 때는 집에서는 공부 안 하는 것인 줄 알았어요. 그래서 집에서 공부한 적은 거의 없었어요. 학원 다니는 것도 애들하고 떠들고 노는 게 재미있어서 다닌 거지, 사실 공부는 안 했어요. 지금이 훨씬 능률이 오르는 것 같아요. 저 지금 진짜 열심히 하고 있으니 걱정하지 마세요."

아이의 말과는 다르게 성적은 그다지 좋아지지 않았다. 나는 점점 더 불안해졌지만, 다른 방법이 없었다. 아이가 원하지 않으니 억지로 학원으로 내몰 수도 없었다. 그렇게 과외 한번 안 받고 학원도 끊어버린 아이는 고등학교 2학년 때부터 휴대전화도 중지시키고 '야자(야간자율학습)'도 선생님의 배려로 참여하지 않고 혼자서 독서실을 다니며 공부했다.

내 걱정과는 달리 아이는 수능에서 수리영역은 만점을 받고 나머지 과목에서도 높은 등급을 받았다. 그렇게 집에서 10분 거리에 있는 '한국외국어대학교'에 입학하게 되었다. 한편으로는 아쉬움이 남았다. 학원에 다니거나 과외를 했으면 더 좋은 대학에 입학하지 않았을까 생각했다.

정작 아들은 본인의 수준에 맞추어 가고 싶은 대학에 진학했다는 자부심으로 선택에 만족하며 열심히 공부하고 있다. 나도 아들이 자신만의 공부 방법을 터득하고 학원도 안 다니고, 과외도 한번 받지 않고 스스로 길을 찾아 당당하게 걸어가는 모습이

자랑스럽다.

어느 강의에서 청소부 이야기를 들은 적이 있다. 그 이야기는 다음과 같다.

어느 작은 동네에 한 청년이 살고 있었다. 세상 사람들이 말하는 일류대학교를 나와 대기업에 취직하고 첫 출근을 한 것이 엊그제 같은데, 벌써 10년이나 직장생활을 했다. 사람들은 그런 그를 부러워했고 그 자신도 처음에는 매우 만족스러웠다. 그러나 시간이 가면 갈수록 행복하지가 않았다. 왜 바쁘게 이 길을 걸어가고 있는지 알 수 없었다. 그 청년이 사는 동네에는 늘 웃으며 청소를 하는 분이 계셨다. 청년은 봉급이 많지도 않고 사람들이 부러워하지도 않는 청소 일을 하면서 어떻게 얼굴에는 항상 미소가 떠나지 않는지 늘 궁금했다. 어느 날 출근을 하려고 전철역으로 걸어가고 있는데, 그날도 그분이 기쁜 표정으로 청소를 하고 있었다. 그래서 청년은 그동안 궁금하게 생각하던 질문을 하기로 했다. 청년은 그 아저씨에게 다가가서 물어보았다.

"안녕하세요? 오늘도 여전히 웃으시며 청소를 하시네요. 청소하는 것이 즐거우세요? 저는 회사 다니는 일이 그다지 즐겁지 않거든요. 그런데 아저씨는 궂은 청소 일을 하시면서도 웃고 계셔서 늘 궁금했습니다. 어째서 항상 웃음을 잃지 않고 행복한 모습이십니까?"

"저는 지금 지구의 한 귀퉁이를 쓸고 있습니다. 이보다 더 보람된 일이 어디에 있겠습니까? 그러니 행복할 수밖에요. 그러니 또 저절로 미소가 지어지는 겁니다."

청년은 할 말을 잃었다. 더 이상 군더더기 말이 필요 없었다.

자기 일을 사랑하고 의미와 가치를 부여하며 행복하게 살고 있는 청소부의 이야기를 듣고 나는 깊은 감동을 받았다.

하는 일이 똑같다고 모두 같은 생각을 하며 살지는 않는다. 우리는 직업이 무엇이든 어디에 있든 지금 하고 있는 일에서 그 의미와 가치를 찾아야 한다. 남의 말에 휘둘리지 말고 자신의 가치와 의미를 찾아 살아야 한다. 그 청소부는 가까이서 보면 동네 어귀를 쓸고 있다. 그러나 멀리 지구 밖에서 바라본다면 그는 지구를 청소하고 있는 것이다. 그러니 보람되고 행복할 수 밖에 없다.

우리 구청에도 늘 유머와 웃음을 잃지 않고 근무하는 분이 있다. 주차 관련 일을 전담하는 정광훈 주임이다. 그는 늘 한결같은 얼굴로 사람들을 대한다. 그리고 왜 우울한 일이 없으며 힘든 일이 없을까! 그러나 나는 그의 찡그린 얼굴을 한 번도 본 적이 없다. 늘 웃으며 장난을 친다. 차가 나가려고 하면 일부러 차단막을 안 올리고 모른 척 다른 곳을 쳐다봐서 웃음을 자아낸다. 직원들은 '기분이 안 좋다가도 그분만 만나면 안 웃을 수가 없다'는 말이 나올 정도다. 음료수 한 병일지라도 누가 전해 주면 꼭 잘 먹었다고 인사를 한다.

그런 그가 올해 정년퇴직을 한다고 한다. 그 소식에 아쉬워하는 직원이 많았다. 자신이 지금 하고 있는 일을 사랑하며 많은 이들에게 웃음을 선사하는 그야말로 자신의 인생을 꿋꿋이 살아가는 사람의 표본이라는 생각이 든다. 나도 지금의 자리에서 웃으며 최선을 다하는 삶을 살아야겠다고 다짐해본다. 남들에게 휘둘리지 않는 나만의 인생, 내가 나를 사랑하는 인생을 말이다.

당신은 지금 무슨 일을 하고 있는가? 직업이 무엇인가? 직장은 마음에 드는가? 상관없다. 멀리에서 찾지 말고, 바로 그 자리에서 지금 당신이 하고 있는 일의 의미와 가치를 찾고 당신의 인생을 살아가라.

자신이 초라하게 여겨지고 마음 한구석이 허전하다면 산으로 올라가라. 땀을 뻘뻘 흘리며 올라가는 과정은 인생과 같다. 다시 내려올 길을 내가 왜 이 고생을 하며 올라가나 회의도 든다. 그러나 그 순간을 이기고 정상에 올라야 한다. 자신을 너무 하찮게 대하지 마라. 지금 당신은 모든 것들의 위에 우뚝 서 있다. 당신이 그토록 원하던 삶은 멀리서 보면 한낱 점에 불과하다.

당신을 가장 잘 보는 사람은 당신뿐이다. 당신의 가치를 알아보고 거기에 의미를 부여할 사람도 바로 당신이다. 자신에게 관심을 갖고, 자신을 사랑해야 한다. 남들의 시선에 에너지를 너무 소모하지 말아야 한다. 그들은 내가 생각하는 것만큼 나에 대한 관심이 없다. 하물며 부모라 할지라도 말이다.

늘 나를 바라보고 있는 것은 나 자신이다. 내면의 소리에 귀를 기울여 보자. 남들이 원하는 삶이 아니라 내가 원하는 행복한 삶을 나에게 선물해야 한다. 타인에게 휘둘리지 말고 소신과 신념으로 자신의 인생을 살아가라. 그리고 도움이 필요하다면 언제든지 나의 휴대전화 번호인 010·8355·2311번으로 연락해 보라. 진정한 행복이 있는 진짜 나의 삶을 살 수 있도록 도와줄 것이다. 스스로 선택한 자신의 삶이 얼마나 행복할지 상상해 보자.

## 05

# 그 누구라도 나를
# 함부로 대하지 않게 하라

네가 소중하게 여기기를 바란다면
먼저 타인을 소중하게 여겨야 한다.
- 증자 -

　내가 어렸을 때는 아이가 밤에 자다가 이불에 실례를 하면 키(시골에서 곡식 골라낼 때 쓰는 기구)를 머리에 씌우고 이웃집에 가서 소금을 얻어오게 했다. 극도의 수치심을 느끼게 함으로써 다시는 같은 실수를 하지 않게 하려는 방편이었다.

　어른이 되어 생각해 보니 아무리 교육의 효과가 높다 하더라도 너무 가혹한 벌이다. 그 아이는 클 때까지 이 일을 잊지 못할 것이다. 그리고 어쩌면 아주 소극적인 어른으로 컸을지 모른다.

　다 큰 성인도 함부로 대하는 사람들이 많다. 특히 상하관계가 있는 직장에서 이런 일은 비일비재하다. 힘의 불균형 상태는 늘 있어 왔다. 평등한 관계는 소수에 불과하다.

어릴 적 고향에서 동문수학한 친구들 중 몇 명이 서울에 살고 있다. 그중 명희라는 친구네 집은 마장동이었다. 그녀는 성동구에 있는 공기업에 다니고 있었는데 자가용으로 출퇴근을 했다. 우리는 가끔 만나 저녁 식사도 하고 맥주도 한잔씩 마시곤 했다.

10년도 넘은 오래전 일이다. 하루는 사무실에 있는데 휴대전화가 울렸다. 친구의 매우 화가 난 모습이 전화기를 통해서도 생생하게 전해졌다.

우리는 저녁에 장안동에 있는 생맥주집에서 마주 앉았다. 앉자마자 친구는 이야기를 시작했다. 다음은 친구의 이야기다.

어제 출장을 나갔다가 3시쯤 사무실에 들어왔는데 부장이 급하게 찾는 거야. 무슨 일인가 하고 갔더니, 부장이 자기네 친구들과 3일 후에 강원도로 캠핑을 가기로 되어있다면서 나한테 고기를 사다 달라고 부탁을 하는 거야.

"제가 친구들과 캠핑을 가기로 했는데, 등심으로 20근 정도가 필요할 것 같아요. 그런데 마장동 고기가 싸고 맛있다면서요? 대리님 집하고 가까운 거 같아서 부탁해요. 사다 줄 수 있나요?"

나는 개인 심부름을 하는 것 같아서 내키지 않았는데 그냥 알겠다고 했어. 그리고 퇴근길에 마장동에 들렸는데 소가 안 들어와서 고기가 없다는 거야. 다음 날 아침에 출근해서 부장한테 고기가 없다고 하니까 같이 가 보자고 하는 거 있지. 할 수 없이 내가 운전을 하고 그 정육점으로 갔어. 그랬더니 아침에 들어왔다면서 고기가 있었고, 고기를 사고 그 고깃집에서 권하는 소스도 5개를 샀어. 그렇게 사무실로 들어오는 차 안에서 내가 물었어.

"저 같으면 아침에 또 갈 생각은 못 했는데 어떻게 그런 생각을 하셨어요?"

그랬더니 과장이 이렇게 말하더라.

"내가 뭐 괜히 높은데 앉아 있는 줄 아세요? 다 그만한 깜냥이 되니까 올라가는 거죠."

더 이상 할 말이 없더라고. 사무실에 도착할 때까지 그냥 운전만 하고 왔어. 그래, 여기까지는 참을 수 있었는데 그다음이 문제야.

퇴근 시간이 다 됐을 때 부장이 또 나를 찾아서 갔어. 그랬더니 부장이 집(사모님)에 전화해 봤더니 아까 사 온 소스를 잘못 사 왔다고 했다면서 나한테 다시 가서 물러다 달라는 거야.

그 소스는 5개에 9천 원이었고, 지금 소스도 받아와서 내 차 안에 있어. 이걸 정말 거기까지 다시 가서 무르고 현금으로 가져다줘야 하나 고민 중이야. 마음 같아서는 그냥 내 돈 주고 물렀다고 말하고 싶어.

다음날 그 가게에 가서 소스를 환불하지 않고 그냥 자신의 돈을 부장에게 주었다고 한다. 그 소스는 집에 있다며, 다음에 만날 때 나도 한 개 주겠다고 했다.

이 사건에서 내 친구가 느낀 것은 무엇일까? 모멸감이다. 상사는 그녀를 함부로 대했다. 단지 아랫사람이기 때문이다. 이런 경우 대처하는 유형은 두 가지가 있다.

하나는 직접 찾아가 다시는 이런 개인적인 심부름은 시키지 말아 달라고 정중하게 이야기하는 것이다. 하지만 이런 경우는 흔치 않다.

또 다른 하나는 힘에 눌린 자신의 처지를 한탄하며 무력감에 싸여 주저앉는 경우다. 우리는 혼자 살지 않는 한 직장 상하관계에서 오는 갈등을 완전히 배제시킬 수는 없다. 그러나 이는 공적 관계에서만 존재해야 한다. 이를 망각하고 부하 직원을 함부로 대했다가 망신당하는 경우를 우리는 많이 봐왔다.

몇 년 전 한 항공회사의 땅콩 회항 사건이 온 나라를 떠들썩하게 하더니, 2016년 6월 23일 MBC 저녁 뉴스에서는 경찰관이 의경에게 본인 아들의 숙제를 대신 시키고 자기소개서 대필 등으로 물의를 일으키는 사건이 발생했다. 요즘 언론에서 이슈가 되고 있는 '갑'과 '을'의 대표적 예라 하겠다.

사회가 아무리 이러해도 우리는 자신의 울타리를 지키는 일을 포기해서는 안 된다. 작은 구역이라도 내가 지킬 수 있는 방법을 찾아 가능한 것부터 지켜야 한다. 내 자존감은 내가 지켜야 한다. 남들은 내 자존심 상하는 것에 관심이 없다.

지금 나는 서울 중랑구청에서 팀장으로 일하고 있다. 5년 전 민원관리팀장으로 일할 때였다. 한 민원인으로부터 심한 모욕을 당한 적이 있었다. 그분은 80세가 넘으신 할아버지였는데, 구청에서 하는 일의 많은 부분을 못마땅해하셨다.

우리 구청은 직원들이 열심히 일한 덕분에 서울시에서뿐만 아니라 전국단위 평가에서도 최우수상을 비롯하여 많은 상을 탔는데, 이 어르신은 이것조차 불만이었다.

"너희가 뭐 한 게 있다고 이런 상을 타는 거야? 이거 심사가 잘못된 거 아니야?"

"어르신, 우리 구청이 상을 탄 것이 어르신께 해를 끼치는 건 아니지 않습니까? 어르신도 우리 구민이시니, 어디 가시면 우리 구청이 전국 최우수라고 자랑하십시오."

할아버지는 우리 부서로 항의 전화를 많이 했다. 아침에 출근하면 이 어르신 전화를 받는 일로 하루를 시작하는 날이 많았다. 80세라는 나이가 무색할 정도로 워낙 목소리도 크고 풍채도 좋은 분이었다.

다른 직원들은 감당이 안 될 정도로 힘든 분이었다. 그리고 하도 전화를 자주 해서 그 당시 할아버지 담당은 팀장인 나였다. 모든 전화며 방문상담은 내가 맡아 하고 있었다. 이분의 전화를 40회 정도 받았다. 어르신의 요구는 법률상이나 모든 면에서 받아들여질 수 없는 내용이었다.

그러던 어느 날 나에게 전화를 해서 OO과 직원이 일을 제대로 처리하지 않으니 처벌해 달라는 것이었다. 그분의 무리한 요구는 도저히 해결해 드릴 수 있는 상황이 아니었다. 하루는 그 직원이 나를 찾아와 이렇게 말했다.

"저, 팀장님. 차라리 저에게 징계를 주십시오. 그러기 전에는 저분이 절대 물러나지 않을 겁니다."

잘못이 있어야 벌을 줄 것이 아니겠는가. 그 일이 있고 며칠 후 그분에게서 또 전화가 와서 받았다. 그러더니 다짜고짜 언성을 높였다.

"야, 너 팀장이면 다야? 너 그 자리에 앉아있게 하나 봐라. 그 직원 징계 주라니까 왜 안 줘? 내 말이 그렇게 우스워? 야, 이 XX 같은 X아. 너 그 자리에 꼼짝 말고 있어. 내가 당장 갈 테니. 이 XX 같은 X. 기다려. 이 뭐만도 못한 XXX."

그리고 전화는 끊겼다. 글로 다 표현할 수 없는 심한 욕을 들었다. 전화를 끊은 뒤 나는 옥상으로 올라가 한참을 멍하니 있었다. 지금도 그때의 기억이 생생하게 떠오른다.

'나는 왜 이렇게 살고 있나? 우리 엄마는 나 이렇게 살라고 나를 낳으셨나? 나는 어디로 가야 하나?'

심한 모멸감에 빠졌다. 옥상 아래로 지나는 사람들은 모두 활기차고 생기 있어 보였다. 왜 나만 이런 모욕감에 사로잡혀 괴로워해야 하는지 허탈함이 가득했다.

'그래도 여태껏 잘해오지 않았나.'

나는 다시 나를 다독이고 살살 달래 주었다. 지금까지도 친절하게 고객을 대하려고 노력하며 열심히 근무하고 있다.

나는 공무원이다. 어떤 경우에도 친절할 것이며 구민에게 이익이 되고 우리 구를 위한 일이라면 최선을 다할 것이다. 지금껏 그렇게 살아왔고 앞으로도 그렇게 살 것이다. 그 마음이 전해져서 고객(민원인)들도 우리에게 최소한의 예의는 지켜주었으면 하는 바람이 있다.

나는 오늘도 더 열심히 친절한 공무원이 되고자 노력하는 내가 대견하다. 앞으로 나는 누구보다 당당해질 것이다. 그 누구라도 나를 함부로 대하지 말아 달라고 외칠 것이다.

이 글을 읽고 있는 당신은 누군가 당신을 함부로 대하더라도 절대 포기하지 않기를 바란다. 다른 사람이 당신을 함부로 대할 때 맞서야 한다. 맞서기 어렵다면 살짝 비켜 가도 좋다.

앞에서도 한번 언급한 바 있는 경희대 정용석 교수의 강의내용을 빌면, 당신은 생물학적으로 1/10의 400승의 경쟁을 뚫고 태어났다. 이 세상에 당신만큼 귀한 존재는 없다. 그러니 당당하게 살아야 한다. 폭풍우가 칠 때 흔들리지 않을 나무는 없다. 흔들릴 때는 흔들려라. 버틸수록 가지만 부러진다. 어떤 폭풍우도 오래

머물지는 않는다. 멈출 때가 온다. 그러니 버틸 수 있는 만큼 버텨라. 그것이 당신을 지키고 누구도 당신을 함부로 대하지 않게 하는 길이다. 절대 지지 마라.

## 06

# 왜 내 인생을
# 남의 손에 맡기는가

행복에 있어서 가장 큰 장애물은
너무 큰 행복을 기대하는 마음이다.
— 퐁트넬르 —

"내 인생 내 마음이 가는 대로 살아도 괜찮을까요?"

누군가 내게 이렇게 묻는다면 내 답은 당연히 '괜찮다'다. 하지만 나도 내 마음 가는 대로 인생을 살아보지 못했다. 그래서 앞으로는 내 진짜 인생을 살아보려고 한다. 돌이켜 생각해 보면 지금의 내 삶을 강요받은 적도 없다. 내가 다른 사람 손에 스스로 내 인생을 저울질하도록 만든 것이다. 아무도 대신 살아 주지 않는 내 인생, 지금부터라도 한번 제대로 살아보고 싶다.

여기 안락한 삶, 가짜 인생을 버리고 자신의 진짜 인생을 찾아 나선 젊은이가 있다. 오스트레일리아 출신 '피터 위어' 감독의

1998년도 영화 《트루먼 쇼》 이야기다.

이 영화의 주인공 트루먼은 영화배우 짐 캐리가 맡았다. 영화를 본 사람이라면 영화 속 그의 천진난만하고 장난기 어린 표정이 떠오를 것이다. 영화는 한 사람이 태어나는 순간부터 어른이 된 지금까지의 전 생애가 24시간 내내 전 세계 220개국에 생방송으로 방영된다는 이야기다. 지켜보는 인구가 17억 명이다. 주인공 트루먼이 사는 곳은 '씨 헤이븐'이라는 거대한 세트장이다. 트루먼은 자신이 살고 있는 세상이 가짜인 줄 모르고 살아간다. 그러나 실상은 트루먼의 모든 일상이 감독에 의해 움직이고 있다. 카메라는 24시간 동안 그의 삶을 담아낸다.

방송 현장인 씨 헤이븐은 우주에서도 보이는 지상 최대규모의 스튜디오다. 5,000대의 카메라가 그를 찍고 있다. 모든 세트는 광고용이다. 트루먼을 제외한 모든 사람들은 배우다. 영화의 반전은 그의 여자 친구 실비아로부터 시작된다. 실비아는 트루먼에게 이곳이 세트장이며 바깥세상이 있다는 것을 알려준다.

모든 사실을 알게 된 트루먼은 탈출을 시도한다. 그러나 감독은 트루먼이 바깥세상으로 나가지 못하도록 모든 상황을 조작한다. 트루먼을 막으려는 작전들이 진행되지만, 트루먼은 절대 의지를 꺾지 않는다. 결국 주인공은 가까스로 바깥세상으로 통하는 계단 앞에 선다. 한 계단 한 계단 올라가는 트루먼. 문 앞에 도착했다. 다음은 이 영화의 마지막 장면인 끝까지 속이려는 감독과 나가려는 트루먼의 마지막 대화 내용이다.

"트루먼 얘기하게. 다 들리니까."
"누구죠?"
"난 수백만 명에게 희망과 기쁨을 주는 프로를 만들지."
"난 누구죠?"
"자넨 스타야."
"전부 가짜였군요!"
"자넨 진짜야! 자넬 만나게 돼 기쁘구먼!"

이때 트루먼이 바깥세상으로 나가려고 등을 돌린다. 감독은 황급히 말한다.

"내 얘기 들어. 이 세상에는 진실이 없지만 내가 만든 그곳은 다르지. 이 세상은 거짓말과 속임수뿐이지만, 내가 만든 세상에선 두려워할 게 없어. 난 누구보다 자넬 잘 알아."
"헛소리 집어치워요."
"두렵지? 그래서 떠날 수 없지? 다 이해해. 난 자넬 지켜봤지. 흐흐 거짓말하는 것까지. 자넨 여기 속해 있어. 내 세상에! 말해봐, 뭐든지. 지금 생방송 중이란 말이야!"
"못 볼지 모르니까 미리 하죠. 굿 애프터 눈, 굿 이브닝, 굿 나잇. 얍! 하하하!"

전 세계인이 환호하는 가운데 방송은 중단된다. 이로써 쇼는 끝났다. 영화도 끝났다. 트루먼의 가짜 인생도 끝났다. 영화 속 허구의 이야기지만 우리에게 많은 생각과 여운을 남긴다.

우리도 지금까지 살아온 인생을 들여다보아야 한다. 혹시 트루먼처럼 가짜 인생을 살지는 않았는지, 누군가가 내 인생을 감독하고 있지는 않은지 말이다. 모든 선택을 자기 자신에게 물어볼 때 새로운 도전을 위한 힘을 얻을 수 있다. 그러니 스스로 할 수 있는 일이 무엇인지, 나에게는 어떤 재능과 가능성이 숨어있는지 그 누구도 아닌 자신에게 물어보아야 한다. 그것이 남에게 기대지 않는 나만의 방법이다.

부정적인 감정을 표출할 때 나타나는 유형에는 두 가지가 있다고 한다.

첫 번째 유형은 부정적인 감정들을 주변 사람들에게 폭발시킨다. 즉 혼자서 견디기보다 다른 사람에게 터트려 버리는 방법을 택한다. 따라서 상담이나 도움도 쉽게 받아들인다.

두 번째 유형은 불쾌한 기분이나 부정적인 생각들을 마음속에 담아 둔다. 그러니 상대가 눈치 채기도 힘들다. 자신을 철저히 감추는 일이 반복되면서 스트레스가 차곡차곡 쌓인다.

한 여자가 있었다. 그녀의 머리는 실패, 좌절, 절망 등 부정적인 단어들로 채워져 있다. 세상은 어두운 곳이라고 생각한다. 부정적인 감정을 표출할 때 나타내는 두 가지 유형 중 후자에 속하는 인물이다. 남들의 뒷담화에 마음은 온통 상처투성이다. 지금 어디선가 누군가가 나를 우습게 생각하고 무시할 거라는 생각에 잠을 이루지 못한다. 미래를 어둡게 바라보니, 꿈도 없고 결국 불평불만과 남들의 험담만 늘어간다. 부정적인 생각과 말, 행동으로 자신의 미래를 울타리에 가두고 점점 불행해진다. 한계점에 다다른 여자는 절망 속으로 걸어 들어간다. 자신의 미래에 대해서도 비판적이 되어 어차피 앞으로도 안 좋은 일만 생길 것이라 생각하며 스스로 무너진다. 그게 바로 나였다.

이제 나는 달라지려고 한다. 내 인생을 살고자 한다. 남들이 뭐라 하든 신경 쓰지 않기 위해 노력한다. 부정의 단어들을 날려버리고 새로운 도전을 시작한다. 나는 지나온 과거를 돌아보지 않고 후회하지 않으려 한다. 과거에 얽매이지 않고 현재를 살기 위해 노력할 것이다. 꿈을 꾸며 사는 인생은 행복하다.

충청도 조령산 휴양림으로 휴식을 취하러 간 적이 있었다. 휴양림 '숲속의 집' 한편에는 작은 개울이 흐르고 있었다. 분명 그전에는 바닥을 드러내고 물은 흐르지 않았다. 그런데 그날은 졸졸 흐르고 있었다. 관리인에게 물어보니 이 계곡은 평상시에는 말라 있다가 비가 조금이라도 오면 흐른다고 했다. 즉, 이 개울물은 비가 와야만 개울인 것이다.

우리도 이 개울처럼 비가 와야만 흐를 수 있는, 누군가가 나를 불러 주어야만 존재하는 건 아닌지 생각해 보자. 내가 내 힘으로 설 수 있을 때, 내 의지로 가고 있을 때만이 진짜 내 인생이다. 등 떠밀려가는 인생 속에는 진실이 없다. 우리도 트루먼처럼 내 인생을 찾아 떠나 보자.

## 07

# 너만의 인생을
# 살아라

최고의 행복이란, 나의 행복이란 것만큼
소중히 생각하는 것은 없다.
– 스탕달 –

"내 인생은 정말 나의 것인가?"

누구나 한 번쯤 자신에게 물어본 질문일 것이다. 그러나 대부분 '예스'라고 답하지는 못할 것이다. 어떤 사람은 이렇게 말할 수도 있다.

"하루 벌어 하루 먹고살기도 어려운 세상에 내 인생을 찾겠다고?"

어느 신문에서 '비정규직 직원의 최대 목표는 정규직'이라는 기사를 보았다. 13년째 아르바이트만 하고 있다는 40대 여성도 있었다. 이런 사회 분위기에서 내 인생을 거론하는 것조차 사치라고 치부해 버릴 수도 있다.

시골에서 철부지 막내로 자란 나는 서울로 올라와 공무원이 되었다. 나의 인생은 특별히 불행하지도, 그렇다고 엄청 행복하지도 않았다. 그렇게 시간은 흘러갔고 어느새 정년이 얼마 남지 않은 중년이 되었다.

돌아보면 슬픈 일도 많았지만 기쁜 일도 많았다. 직장에서의 일, 사람들과의 관계 그리고 경제적인 사정 등 절망적일 때도 많았지만 그래도 희망을 놓지 않았기에 오늘에 이르렀다고 생각한다. 후회가 없다면 거짓말이지만, 그래도 지금에 감사하고 행복하다. 책을 쓰며 작가로서 살아갈 꿈을 꾸니 얼마나 행복한지!

사람은 누구나 태어나면서부터 부모의 보호 아래 산다. 그렇게 학교에 다니다 세상으로 나온다. 그리고 매일 직장과 가정을 다람쥐 쳇바퀴 돌듯 살아간다. 자신을 돌아볼 시간이 없다. 이는 어쩌면 핑계일지 모른다. 시간이 없는 것이 아니라 아예 돌아볼 생각조차 못 하며 살아왔을지도 모른다. 그러니 꿈을 꾸고 목표를 세우고 자신이 하고 싶은 일을 하며 살아보겠다고 마음먹기란 쉽지 않을 것이다.

자신의 꿈을 찾아 사막으로 떠난 강북구청 공무원 김경수 씨의 이야기를 소개하고자 한다. 나는 평소에 강의 듣는 것을 아주 좋아하는데, CBS 〈세바시(세상을 바꾸는 시간 15분)〉 강의를 찾아 듣다가 보게 된 내용이다.

김경수 씨는 평범한 공무원이다. 그런 그가 40대의 어느 날 우연히 TV를 보다가 그의 운명을 바꾸는 계기를 만났다고 한다. 사막 마라톤이었다. 40도가 넘는 사막의 모래 폭풍 속에서도 달리고 또 달리는 마라톤 선수들을 보면서 해 보고 싶다는 생각이 들었다. 물론 아내는 반대했다. 그의 설득 끝에 아내가 마지못해 허락하면서 조건을 걸었다. 사막에 다녀온 후 '아버지학교'에 가라고 한 것이다. 그는 '도전하고자 하는 자, 길들여지지 않는다'는 말로 대답을 대신했다. 그리고 모로코 사막 마라톤 참가를 시작으로 수십 개의 마라톤을 완주했다.

그는 자신이 도전한 여러 마라톤 중 인디언 레이스 때의 일화를 이렇게 소개했다.

레이스를 할 때 극한 상황에 처하면 인간의 야성이 이성을 지배하죠. 이때 인도의 오토릭샤(오토바이를 개조하여 만든 인도의 교통수단)가 뒤를 따라왔습니다. 타라고, 타라고. 그러나 타지 않았습니다. 아내가 무서워서도 아니고 비용이 아까워서도 아니었습니다. 아무도 보는 이는 없지만 그것을 타는 순간, 저는 자신과의 싸움에서 지는 것이죠. 제 스스로가 평생 부담으로 안고 갈 상황이었기 때문에 타지 않았습니다. 저는 여기서 교훈 하나를 발견했습니다. 우리 현실에서도 불법과 부조리의 유혹들이 늘 우리 가까이 있습니다. 하지만 견뎌내는 것도 결국은 나 자신의 문제입니다. 좋은 유혹을 떠올리면서 나쁜 유혹을 물리쳐야 합니다. 저는 거기서 그런 삶의 지혜를 배워가지고 온 거죠!

  발이 벗겨지고, 버리고 싶은 무거운 배낭을 짊어지고 캠프에 돌아오면 만찬이 기다리고 있었습니다. 인생에서도 힘든 과정이 있습니다. 하지만 이를 통해 깨달았습니다. 그 힘든 과정을 잘 견뎌내면 거기에 걸맞은 소중한 결실이 주어진다는 사실이죠!

  이 강의를 통해 그는 많은 이들에게 꿈과 희망, 그리고 도전 등 모든 것이 결국 자신의 결정에 달렸음을 다시 한번 상기시켜주고 있다. 당당하게 그만의 길을 가고 있다.

  그는 앞으로 공무원으로서도 열심히 일하며, 자신의 꿈도 이루는 드림워커의 삶도 포기하지 않을 것이다. 사막 레이서를 꿈꾸는 이들만의 멘토가 아니라, 더 많은 이들에게 꿈을 가지고 시련을 견뎌내어 그 과정의 즐거움과 이루었을 때의 행복을 전하는 멘토가 될 것을 믿어 의심치 않는다. 나도 같은 공무원이기에 더 친근감이 느껴지는 강의였다.

  사람들은 살아가면서 자신의 인생에 대해 고민하기보다는 남의 평가에 연연할 때가 참 많다. 내가 나를 어떻게 보느냐보다는 다른 사람들이 나를 어떻게 보느냐에만 신경 쓰느라 하고 싶은 일들을 못 할 때가 많다. 남들과 비교하며 열등감에 발목 잡힐 때도 있다. 열심히 살았는데 이렇게밖에 안 된 것이 억울할 때도 많다. 깊은 절망에 자살을 생각했을 수도 있다. 그렇다면 이제 생각을 바꿀 때가 되었다. 인생은 내가 선택하고 결정하고 행동할 때가 된 것이다.

다음은 개인의 성취와 동기부여 분야에서 위대한 업적을 남긴 나폴레온 힐의 《놓치고 싶지 않은 나의 꿈 나의 인생》이라는 저서 일부분이다.

"타인의 영향을 받은 것이든, 스스로 만들어낸 것이든 (중략) 마음으로부터 자신을 지켜야 하는 것은 당신 자신이며 그것은 변하지 않는다. 악마에 대처하기 위해 알아두어야 할 것은 당신에게는 의지의 힘이 있다는 사실이다. 당신은 이 의지의 힘으로 마음 속에 면역체를 구축해 두어야 한다. 인간은 누구나 자기 결점을 개선하는 것에 대해서는 본질적으로 나태하고 관대하다는 것을 알아두어야 한다."

우리는 세상을 살아가면서 주변 사람들과 부딪히는 온갖 일들을 경험해야 하고 헤쳐 나가야 한다. 이때 남들이 쏟아내는 비판에 너무 민감하게 반응해 쓸데없이 에너지를 낭비하거나 인생을 포기하는 것은 어리석은 짓이다. 세상이 어떻게 생각하든 무슨 말을 하든 상관하지 않고 오직 자기의 꿈과 신념에 따른다면, 쏟아지는 비판에 대해서도 여유롭게 대처할 수 있다.

당신은 관계 속에서 살고, 직장을 다니지만 그래도 해야 할 일이 있다. 먼 훗날 '너는 누구였지?' 하면 이미 늦는다. 지금 이 순간부터라도 자신의 꿈과 목표를 가지고 미래의 나를 상상하면서 당신만이 낼 수 있는 색깔과 빛을 뿜으면서 당신만의 인생을 한번 살아보라.

PART
4

최고의 가치는
사람이다

관계

## 01

# 혼자 행복해질 수는 없다

행복하게 되고 싶은 사람은
남을 기쁘게 해주는 방법부터 배워야 한다.
– M. 프리올 –

 

인간은 태어나는 순간부터 관계 속에서 살아간다. 좁게는 부모형제와 친척, 조금 더 넓히면 친구, 직장 동료가 있고 더 넓게는 우리나라 그리고 세계 속에서 살아간다. '인간이 인간다운 것은 인간과 인간과의 결합에 있다'라는 말도 있다.

가족, 친구와 더불어 모두가 행복해야 진정한 행복이 아닐까? 같이 슬퍼하고 같이 행복하게 사는 것이 우리가 지향해야 할 일이라고 생각한다. 장미는 한 송이가 피어도 꽃이다. 강가의 돌은 혼자 있어도 돌이다. 그러나 인간은 다른 사람 없이는 '나'라는 존재가 성립하지 않는다. 네가 있어 내가 있는 것이다.

어느 날 문득 지나간 시간들을 천천히 떠올려 보았다. 그리고 나의 모든 기억들은 사람과 연관된 것임을 알게 되었다. 지속되는 관계에서도 많은 기쁨을 얻지만, 한 번 만나는 사람에게서도 감동을 받는 경우도 많다.

치과에 갔을 때의 일이다. 한참을 진찰하던 의사가 이를 빼야 한다는 진찰을 내렸다. 안 빼면 옆의 이까지 금방 옮아 썩는다고 했다. 기분이 영 별로였다. 의사는 진찰을 마치고 다른 환자에게 가고 나머지 치료를 할 간호사가 왔다. 언짢아진 마음에 나는 괜히 간호사를 붙들고 푸념을 늘어놓았다.

"내가 입이 유난히 작아서 그런지 치과 치료하기가 너무 힘들어요. 지난번에도 한 시간이나 잇몸 치료하느라고 입술이 다 찢어졌어요. 이제 치과 치료는 생각만 해도 괴로워요. 특히 입이 작은 게 이렇게 불편할 줄 몰랐어요."

투덜대는 나에게 간호사는 싱긋 웃으며 말했다.

"대신, 손님은 웃는 입술이 예쁘시잖아요!"

나는 아무 말도 못 했다. 내 입을 콱 막아버린 그녀의 한마디는 너무 예뻤다. '이렇게 말 한마디가 향기로울 수 있구나' 생각하며 기분 좋게 치과를 나올 수 있었다.

지난 1월에는 발목을 다쳐 직장에 병가를 냈다가 출근을 하게 되었다. 그리고 보건소에서 진료를 끝내고 약을 사러 가야 했다. 막 문을 밀치고 나가려는데, 민원실에 근무하는 조 주임이 나를 불렀다.

"계장님, 그 걸음걸이로 어디 가세요? 제가 약 받아다 드릴 테니까 잠깐만 앉아 계세요. 아직 길이 미끄러운데 또 다치시면 어쩌려구요."

그러더니 처방전을 가지고 약국에 가서 약을 사다 주었다. 너무 고마웠다. 직원의 배려에 나는 눈시울을 적셨다.

우리는 세상을 살아가면서 이렇게 많은 이들에게 도움을 받고 또 도움을 주면서 살아간다. 나와 함께해 줄 사람이 한 명만 있어도 인생은 외롭지 않다고 한다. 나도 앞으로 누군가에게 도움이 되는 삶을 살아야겠다고 다짐했다.

"저는 어렸을 때는 세상을 혼자 사는 것인 줄 알았습니다. 나이를 먹고 오지를 달리면 달릴수록 세상은 함께 사는 곳이라는 것을 알게 되었습니다. 여러분에게 묻고 싶습니다. 여러분의 인생에 있어 어떤 일을 할 때 함께하는 인생의 동반자, 파트너가 있으신가요? 저는 인생의 동반자이자 파트너를 만났습니다. 바로 경수 형이 있습니다. 그래서 너무 행복합니다. 여러분은 어떠신가요?"

'사하라에서 남극까지 4,000km 달리기 여행'이란 부제가 붙은 《하이 크레이지》의 저자인 오지 레이서 유지성 씨가 〈세바시〉에서 한 이야기다.

이처럼 우리는 많은 인맥을 쌓으며 살아간다. 기쁜 일이나 어려운 일이 있을 때 함께할 친구가 있는가? 믿을 만한 친구가 한 명이라도 있다면 당신은 행복한 사람이다. 당신의 성공을 함께 기뻐하고 자랑스러워하는 친구들이 없다면 성공의 의미를 어디서 찾겠는가? 외로울 때 소주 한잔 나눌 친구가 없다면, 웃고 떠들며 함께 기뻐해 줄 친구가 없다면 인생을 잘못 산 것이다. 지금이라도 주위 사람들에게 관심을 갖고 사랑해야 한다. 나 혼자 행복해질 수는 없기 때문이다.

가까이는 가족에서부터 친구, 동료에게서 행복을 찾아야 한다. 행복이란 자기 몸에 뿌려서 남에게 향기를 선사하는 향수와 같다. 행복한 삶의 비결은 남에게 행복을 주는 것에 있다. 먼저 미소를 보내고, 인사를 건네 보자. 나에게 먼저 해 주기를 바라지 말고, 먼저 고개를 끄덕여주고, 말하기보다는 들어 주고, 용서받기 전에 먼저 용서해라.

당신 앞에 있는 사람을 존중하고, 칭찬은 없을 때 하라. 도와줄 때는 조건 없이 하라. 내가 도와준 사람이 반드시 내게 도움을 주는 것은 아니다. 그는 또 다른 누군가에게 도움을 줄 것이다.

세상은 돌고 돈다. 직선으로 갔다가 다시 직선으로 내게 것이 아니다. 작은 점들이 모인 원처럼 서로 도우며 이해하고 사랑하며, 마치 이어달리기를 하는 것처럼 내가 받은 바통을 다시 누군가에게 다시 넘겨주는 것이다.

　서운한 일은 잊어버려라. 내게 상처 준 사람도 잊어라. 그는 그 일을 기억조차 못 하는 경우가 허다하다. 다만 내 가슴 속에 상처가 남아있을 뿐이다. 돌아보면 나도 누군가에게 기억하지 못하는 수많은 상처를 안겨 주며 살고 있을지도 모른다.

　이 세상은 함께 살아갈 때 의미가 있다. 주위에 사람이 없다면 행복한 것은 아무 의미가 없다. 같이 슬퍼해 주고 같이 기뻐해 줄 수 있는 가족, 친구, 동료가 있어 우리는 행복할 수 있다.

## 02

# 나의 관점을 버리고
# 상대의 관점에서 생각하라

현명한 자는 자기의 적에게서
많은 것을 배운다.
- 아리스토텔레스 -

　우리는 종종 사람과의 관계에서 자기 생각만 옳다고 주장하고 오해하며 서로 멀어지는 오류를 범한다. 상대방의 입장을 배려하지 않고 오직 내 입장에서만 상대를 바라보기 때문이다.
　얼마 전의 일이다. 내 옆자리에 근무하다 정년퇴직한 계장님에게서 전화가 왔다. 안 그래도 전화해 볼까 생각 중이었는데 먼저 전화가 오니 너무 반가웠다.
　"잘 지냈어요? 다름이 아니라 올해도 집 근처의 주말농장을 신청해서 농사를 짓고 있는데, 상추가 아주 많이 커서 솎아낼 때가 됐거든요. 이번 주에 가지러 오시겠어요?"
　작년에도 계장님은 아파트에서 멀지 않은 곳에 주말농장 한

구좌를 분양받아 웬만한 야채는 직접 길러서 먹었다. 그때도 상추를 얼마나 많이 주셨는지 나중에는 질릴 정도였다. 그런데 올해도 애써 농사지은 상추를 또 주시겠다는 것이었다. 고마웠다. 그래서 나는 상추도 가져오고 오랜만에 식사를 대접해야겠다고 마음먹고 점심 약속을 했다. 주말농장은 사무실에서 10분도 채 걸리지 않는 거리였기에 점심시간만으로도 충분했다. 그리고 약속한 날이 되었다. 나는 아침 10시쯤 전화를 걸었다.

"계장님, 드디어 오늘입니다. 제가 차 가지고 12시에 그쪽으로 갈게요."

대답이 없었다.

"계장님? 계장니~임?"

"어, 이 일을 어쩌죠? 어제까지 아무 말씀도 없어서 바쁘신가 보다 생각하고 고향 친구에게서 전화가 왔기에 오늘 점심 약속을 했거든요. 지금 그 친구 만나러 삼성동 가고 있는 중인데… 허참 이거 미안해서 어쩌죠?"

"약속이 겹쳤네요. 할 수 없지요. 뭐, 그럼 오늘은 그 친구분 만나시고 우리는 가까이 있으니까 다음에 만나면 되죠."

"아이구! 이거 미안합니다. 제가 팀장님께 미리 전화해 보고 친구와 약속을 했어야 하는데 제가 실수를 한 것 같습니다."

통화를 마쳤다. 나는 한참을 멍하니 있었다. 그리고 생각해 보았다. '나와의 약속은 일주일 전에 한 것이고, 그 친구는 어제 전화했다. 그럼 어느 약속을 지켜야 하는가?' 무시당한 기분이 드는 것을 어쩔 수가 없었다.

나에게 한마디 말도 없이 어제 내가 약속 확인 전화를 안 했기 때문에 '바빠서 그런가 보다' 혼자 생각하고 약속을 일방적으로 파기해 버렸다는 게 선뜻 이해가 되지 않았다. 그분은 내가 바빠서 만날 시간을 낼 수 없기 때문에 약속 전날 확인 전화를 안 한 것으로 간주해 버린 것이다.

나는 100% 이해가 되는 것은 아니었지만, 약속은 이미 깨졌고 돌이킬 수가 없었다. 차라리 깜박 잊었다고 하면 내 마음이 더 편했을 것 같았다. 하지만 어쩌랴! 이미 약속은 깨졌으니 할 수 없다며 마음을 가라앉혔다. 그리고 며칠이 지나갔다. 문득 이런 생각이 들었다.

'아, 내가 한 번 더 전화했어야 했구나. 내 잘못이다. 그분은 워낙 내성적인 성격이라 먼저 전화할 생각을 못 했겠다. 상추 주려고 먼저 전화해 준 것만도 정말 고맙다.'

입장을 바꾸어 생각해 보니, 그분의 입장에서는 내가 바빠서 전화를 할 시간조차 없을까 봐 오히려 나를 배려하는 마음에서 내게 확인 전화를 하지 않았다는 것을 알게 되었다. 나는 그것도 모르고 내 입장에서만 생각하고 무시당했다고 결론지어 버린 것이다. 이제야 그분을 이해하게 된 나는 바로 전화해서 약속을 잡았다.

우리는 휴일에 만났다. 그분은 만나자마자 지난번에 미안하게 됐다고 거듭 사과했다. 너무 미안해하니까 오히려 내가 더 미안했다. 우리는 집에서 싸온 밥을 밭에서 바로 따온 상추에 싸서 맛있게 먹었다. 계장님은 과일까지 챙겨왔다. 고마웠다. 우리는 소소한 일상 이야기를 하며 다음에 또 만나기로 하고 헤어졌다.

이날 수확해온 상추를 일주일이나 먹었다. 이렇게 어긋난 약속 때문에 서먹해질 뻔했던 사건은 마무리되었다. 그리고 나는 이 일이 있고 난 뒤 약속한 날까지 남은 기간이 길다고 생각되면 꼭 미리 전화해서 한 번 더 확인하는 습관을 가지게 되었다.

우리는 가끔 아주 사소한 일로 오해를 하고 관계가 멀어지기도 한다. 상대를 무시할 생각은 전혀 없었지만 가까운 사이가 멀어지기도 하고 연인끼리 헤어지기도 한다. 이는 모두 상대에 대한 이해 부족에서 온 결과다. 내가 원하는 것, 내가 바라는 것만 생각하기 때문이다. 상대가 무엇을 원하는지 상대에게 내가 해줄 것은 무엇인지 한발 물러서서 상대의 관점에서 생각한다면 대부분 문제는 해결된다. 내 생각대로 베푸는 배려가 상대에게 어떤 영향을 미칠지에 대해 깨닫게 되는 사건이 있었다.

8년 전, 지금 살고 있는 아파트로 이사를 왔을 때였다. 식구들을 초대해 집들이를 했는데 모두 선물을 하나씩 들고 왔다. 그 중에 돈이 들어오게 해 준다는 금전수, 일명 '돈나무' 화분이 있었다. 둘째 오빠 딸인 조카 해정이가 선물로 사 온 것이었다. 나는 '잘 키워야지' 생각하며 집에 있는 다른 화분들과 함께 열심히 키웠다. 그동안 집에서 키워오던 화분은 행운목, 군자란, 해피츄리 등이었다. 일주일에 한 번씩 꼬박꼬박 물을 주며 정성껏 가꾸었다.

한 달이 지난 어느 날 화초들을 들여다보다가 나는 깜짝 놀랐다. 다른 화초들은 모두 싱싱하게 잘 크고 있는데, 유독 돈나무만 잎이 노랗게 변해 있었다. 나는 그 후에도 별생각 없이 계속 일주일에 한 번씩 물을 주었다. 그러다가 아무래도 이상해서 나무를 보니 이번엔 시들어 가고 있는 것이 확연히 눈에 보였다. 나는 잎 하나를 잡아당겨 보았다. 그런데 이게 웬일인가! 쑥 빠지는 것이 아닌가! 그래서 나는 신문지를 펴고 돈나무 화분의 흙을 덜어내고 남아있는 가지들을 모두 꺼냈다. 빽빽하던 나무들은 반 이상이 뿌리가 썩어있었다. 시들시들 죽어가고 있었던 것이다.

왜 이런 일이 생겼을까? 이유는 내가 돈나무에 물을 너무 많이 준 것이다. 돈나무는 물이 많이 필요하지 않아 한 달에 한 번만 물을 주어야 잘 자라는 나무라는 것을 전혀 몰라서 벌어진 일이었다. 식물을 보살피려면 식물 하나하나의 특성에 맞게 길러야 함에도 나는 그들의 특성은 무시한 채 정성을 다했다고 착각하며 기르고 있었다. 결국, 돈나무는 내 무지한 정성에 죽고 말았다. 나무의 특징과 좋아하는 것은 무시한 채 내 생각대로 그들을 바라본 결과였다.

인간관계에서도 이런 실수를 많이 한다. 내가 좋아하는 것을 상대도 좋아할 것이라 생각하는 경우가 많다. 내가 보는 것이 완전한 것이 아니라 불완전할 수도 있다는 것, 틀릴 수 있다는 것을 인정하고 생각의 깊이를 넓혀야 한다. 한 번 더 생각해 보라. 상대의 입장에서 바라볼 수만 있다면 많은 갈등과 분쟁이 줄어들 것이다.

## 03

# 사람과 싸우지 말고
# 문제와 싸워라

사람의 성격이 가장 잘 나타날 때는
누군가와 마주 대하여 말하고 듣고 웃을 때다.
– 괴테 –

선글라스를 쓰면 세상이 온통 까맣게 보여 밤이 된 것 같다. 그래서 나는 선글라스를 잘 쓰지 않는다. 한여름에도, 바닷가에 가서도 거의 안 쓰는 편이다. 선글라스는 외모나 멋을 부리기 위함이 아니라 눈을 보호하기 위해서 쓰는 것이 좋다고 한다. 그 사실을 알고도 나는 여전히 안 쓰는 쪽을 택한다.

어느 봄날에 창가 건너로 보이는 초록 잎이 시선을 사로잡았다. 나는 초록색을 좋아한다. 봄날 연한 녹색을 띠며 올라오는 새싹은 가만히 보고만 있어도 입가에 미소가 흐른다.

어느 날은 친구에게 "나는 세상이 온통 초록색이었으면 좋겠어." 했더니 친구가 빙그레 웃으면서 말했다.

"방법이 하나 있기는 있는데?"
"뭔데?"
친구의 대답은 간단했다.
"초록색 안경을 쓰면 되지. 그러면 온통 초록으로 보일 거 아냐?"
초록색 선글라스로 세상을 바라본다는 생각을 하지 못한 채, 그저 검은 안경을 쓰는 것은 극도로 꺼리면서 마음속은 온통 검은색 안경을 쓰고 살아오지 않았나 생각해 본다.

나는 사람들과 대화할 때 나쁜 습관이 있다. 말을 좀 부드럽게 돌리지 못하고 직설적으로 한다는 것이다. 그리고 또 감정이 앞서는 경향이 있다. 고치려고 노력을 해봤지만, 어느새 똑같아져 버리는 나를 발견하곤 했다. 그래서 나는 인간관계에 관한 자기계발서를 비롯해 대화하는 법에 관한 책을 많이 읽었다. 책에서 권하는 대로 따라해 보기도 했다. 그러나 그때뿐이었다. 책을 읽을 때는 머리를 끄덕이고 밑줄도 쳐 가며 읽었건만 어느새 나는 다시 처음으로 돌아가 있었다.

주민센터에 근무할 때였다. 그날도 지하 구내식당에서 점심을 먹고 차 한 잔을 마시며 느긋한 오후를 즐기고 있었다. 우리 사무실에서는 토요일에 망우산으로 환경보호활동 겸 야유회를 가기로 계획되어 있었는데, 자연스럽게 그 이야기가 화제로 떠올랐다. 갈 곳은 정해졌으나 아직 점심 메뉴가 정해지지 않은 상태였다.

처음에는 서로 상의하듯이 여직원 넷이서 의견을 이야기하고 있었다.

그때 김 주임이 인스턴트 도시락이나 외식은 맛도 없이 비싸기만 하니, 여직원들이 직접 만들어서 가자고 했다. 메뉴는 삼계탕을 제안했다. 김 주임은 체구는 작으나 요리도 잘하고 똑순이로 소문난 살림꾼이었다. 이해는 갔다. 그런데 내 생각은 좀 달랐다. 한 끼 먹는 건데 뭘 직접 해서 가느냐고 반대했다. 그렇게 좋았던 분위기가 어느샌가 이상한 방향으로 흐르고 있었다. 자연보호와 직원들의 친목 도모를 위해 가려던 야유회의 본질은 어디로 가 버리고 우리는 삼계탕 문제로 계속 의견 대립을 하고 있었다.

김 주임도 고집이 센 편이다. 나도 지지는 않았다. 나중에는 메뉴 문제가 아니라 서로 감정싸움을 하고 있었다. 김 주임이 계속 직접 하겠다고 우기자 급기야 나는 본인이 혼자 다 하라고 말해 버렸다.

"난 어쨌든 직접 하는 거는 할 줄도 모르고 하고 싶지도 않으니까 하려면 주임님이 다 하세요. 집안 살림하기도 버거워 죽겠는데, 무슨 사무실 야유회 삼계탕까지 끓여? 난 못하니까 김 주임님이 알아서 하세요."

"알았어. 내가 다 알아서 할 테니, 정 주임은 먹기나 해!"

이렇게 여직원 네 명이 즐기던 티타임은 서로의 감정만 다치고 끝이 났다. 대부분의 여직원들이 속마음을 드러내지는 않았으나 직접 하는 것을 싫어했다. 그러나 다른 여직원들은 싫어도 그냥 표현을 안 한 반면, 나만 너무 강하게 내 의견을 피력하는 바람에 분위기만 이상하게 만들고 말았다.

김 주임은 야유회 이틀 전부터 분주하게 오가더니, 기어이 직접 25마리의 삼계탕을 끓였다. 그리고 그 삼계탕 솥은 망우산으로 옮겨졌다. 삼계탕은 맛있게 잘 끓여졌다. 그러나 나는 먹는 내내 불편했다. 우리는 그 사건 이후 서먹서먹해졌다. 반대하더라도 그렇게 강하게 반대하는 것은 아니었는데 뒤늦은 후회를 했다. 좀 더 부드럽게 서로의 이견을 좁혀가며 할 수도 있었는데 하는 아쉬움이 남았다. 지금도 삼계탕 끓이느라 고생한 김 주임을 생각하면 미안한 마음이 든다.

나는 왜 이렇게 감정을 다스리지 못하고 다른 사람들과 자주 부딪히는지 고민도 많이 했다. 고쳐보기 위해 성격에 관한 책을 많이 읽어보았다. 성격이나 습관은 어린 시절 환경에 지배를 많이 받는다는 것을 알았다.

어린 시절을 떠올려 보았다. 마냥 행복하게 뛰어놀고 부족한 것은 없었으나 부모님이 나이가 많다고 투덜대는 어린애가 있었다. 오빠들의 얼굴도 하나씩 스쳐 갔다. 큰오빠와는 무려 스물여섯 살이나 차이가 났고, 다른 오빠들도 적게는 열세 살, 보통 스무 살 이상 차이 났다. 그러니 오빠들은 이미 장성하여 직장에 다니며 따로 나가 살고 있었고, 막내 오빠만 한집에서 살았다.

동네 친구들도 생각났다. 그러자 명숙이와의 싸움이 생생하게 떠올랐다. 명숙이와 나는 아래 윗집에 살았다. 명숙이는 나와 동갑이었으나 학교를 1년 늦게 입학했다. 그래서 나의 헌 교과서를 물려받아 공부했다. 명숙이는 그것이 늘 불만이었다. 지금 생각해 보면 아마 내가 무척 미웠을 것이란 생각이 든다.

그날도 우리는 공깃돌 놀이를 하다가 규칙을 놓고 서로 맞다고 우기고 있었다. 점점 싸움이 커지자 규칙은 안중에도 없었다. 그동안 서로 쌓였던 감정들을 끄집어내며 싸우기 시작한 것이다. 그렇게 말싸움이 극에 달했다. 그때 명숙이가 갑자기 돌을 집어 들었다. 나는 설마 던지기야 할까 싶었다.

"던져라. 누가 무서워할 줄 알고?"

"야, 가시나야. 니가 집에서 공주라고 밖에서도 공준 줄 알아?"

나는 더 이상 싸우기 싫어 집에 가려고 돌아서는데 머리가 핑 돌았다. 뒤통수를 만져 보니 피가 흐르고 있는 게 아닌가? 명숙이는 나를 향해 정말로 돌을 던진 것이었다. 여기까지 생각하다가 나는 생각하기를 그만두었다.

우리는 처음에는 서로 좋은 의견을 모으고자 머리를 맞대고 대화를 나눈다. 그러나 결국 문제의 본질은 잊어버린 채 다툼으로 끝내버리는 경우를 종종 본다. 아이들과의 대화에서도 그렇고 직장에서 회의 중에도 이런 일은 가끔 발생한다. 문제의 핵심을 가지고 토론하는 것이 아니라 감정싸움으로 번지는 것이다.

특히 종교나 정치에 관한 이야기는 가까운 사이일수록 화두로 삼지 말라는 말도 있다. 분쟁의 씨앗이 그 안에 이미 숨어있기 때문이다. 모두 상대를 배려하지 않고 내 의견만 내세운 결과다.

우리는 서로가 다름을 인정해야 한다. 서로의 공통점을 찾아 좁히는 노력을 기울여야 하고 설령 의견이 맞지 않다고 하더라도 그 문제에 집중해야 한다. 사람을 공격해서는 안 된다. 의견이 아닌 사람에 집중하는 순간 감정만 상하게 되어 결국 멀어지게 되는 결과를 낳는다. 문제와는 싸우더라도 사람과는 절대 싸우지 말아야 한다.

## 04

# 너 때문이 아니라
# 나 때문이다

행복을 잃는 것은 쉬운 일이다.
행복이란 항상 분에 넘치는 것이니까.
- 카뮈 -

나는 운전을 늦게 배웠다. 마흔 살이 돼서야 면허증을 땄다. 운전을 시작한 지 5년쯤 지났을 때였다. 퇴근하는 길에 한참을 달리다 보니 2차선으로 달리고 있었다. 1차선으로 들어서야 다음 신호에서 좌회전을 할 수 있었다. 급한 마음에 핸들을 꺾었다. 조금 급하게 차선을 바꾸기는 했지만 그리 무리한 운전은 아니었다고 생각했다.

1차선으로 들어선 후 신호가 빨간불이 되어 정지해 있을 때였다. 뒤차에서 우락부락하게 생긴 남자가 내리더니 내 차 옆으로 와 험상궂은 표정으로 창문을 열라는 손짓을 보냈다. 주먹이라도 날아올 기세였다. 나는 창문을 내렸다. 남자는 나를 계속 쏘아보며 눈으로 이렇게 말하고 있었다.

'당신 뭐야. 그렇게 차선을 바꾸면 어떻게 해? 내가 당신 차를 박을 뻔했잖아. 얼마나 놀랐는지 당신이 알기나 해. 빨리 사과해!'

아찔했다. 이 상황을 어떻게 풀어야 할까? 몇 초 되지 않는 순간에 내 마음속에서는 두 생각이 싸우고 있었다.

첫 번째는 '내 잘못을 인정하고 사과하자'였고, 두 번째는 '뭐 좀 빨리 끼어들기는 했지만 저리 화낼 상황까지는 아닌 것 같은데? 저분이 좀 심한 것 아니야?'였다. 나는 첫 번째를 선택했다. 이 상황을 만든 것은 결국 나였으므로 사과하는 것이 옳다고 생각했다. 그리고 아주 미안한 표정을 지으며 진심으로 사과했다.

"많이 놀라셨죠. 정말 미안합니다. 제가 좀 빨리 차선을 바꿨네요. 아직 운전이 서툴러서요. 죄송합니다."

그러자 그 남자는 쏘아보던 눈을 거두고는 한마디도 안 하고 그대로 본인 차로 돌아갔다. 상황은 끝났다. 안도의 숨을 쉬었다. 그리고 스스로를 칭찬했다.

'영자야, 정말 잘했다. 거기서 네가 잘못이 없다고 말해 봐야 시비만 더 길어질 것이고, 요즘 과격한 남자들이 많은데 어떤 봉변을 당했을지 누가 알아. 잘했어.'

이 사건이 있은 뒤로 사람을 대할 때, 상대가 화를 내면 혹 내 잘못이 없었는지 다시 한번 생각해 보게 되었다.

살다 보면 누군가와 의견이 달라 대립하는 순간이 온다. 그 시간은 결코 즐겁지 않을 뿐더러 마음의 상처를 입기 쉽다. 내 경우는 초면인 사람과의 대립이라 좋게 끝날 수 있었지만, 가까운 사이에서는 상대와의 관계가 나빠질 수도 있다. 그 순간을 어떻게 넘기느냐에 따라 영영 멀어질 수도 있고, 오히려 더 굳은 신뢰로 이어져 더 돈독한 사이가 될 수도 있다. 그렇다면 상대와 대립하는 순간 어떻게 대처하는 것이 현명할까?

첫 번째, 같은 말을 하더라도 더 다정하게 할 필요가 있다. 의견이 다를 때는 서로 자기가 맞다며 맞서기 쉽다. 이것은 아무런 이득이 되지 못한다. 소중한 사람의 의견을 묵살하고 이기는 것이 과연 행복한 일일까? 관계의 목표는 승리가 아니지 않은가? 같이 목적을 달성하고 함께 행복해지는 것이 더 소중하다. 상황이 좋지 않다면 말투에 더 신경을 써야 한다.

두 번째는 앞으로도 함께 걸어가야 할 사이라는 것을 염두에 두어야 한다. 만약 상대가 화를 내고 있다면 내 잘못은 없는지 짚어 보는 것이 좋다. 내가 아무 잘못도 하지 않았는데 상대가 화를 낼 리는 없다. 원인 없는 결과는 없기 때문이다. 김수환 추기경님이 마지막으로 남긴 '내 탓이요. 내 탓이로소이다'라는 말을 마음에 품고 서로 이해하며 산다면 부딪힐 일도 없을 것이라 생각해 본다.

면목동 주민센터에 근무할 때의 일이다. 점심을 먹고 이 주임과 함께 커피를 사 마시려고 길을 건너고 있었다. 빨간불이었다. 면목동은 길이 좁은 탓에 신호를 안 지키는 사례가 종종 있고, 그날도 우리는 신호등이 빨간색이었음에도 재빠르게 뛰어서 길을 건넜다. 그런데 뒤에서 사람들이 막 쫓아오는 것이었다. 돌아보니 경찰관이었다.

'이런, 빨간불에 건너는 걸 본 모양이네. 이를 어쩌지?'

난감해 하고 있던 찰나 이 주임이 뒤따라오는 경찰에게 먼저 말을 걸었다.

"아이고~ 죄송해요. 어떻게 여기까지 따라오셨어요. 얼마인가요?" 그러자 경찰관은 "이번에는 그냥 넘어갈 테니, 다음부터는 신호 꼭 지키세요. 사실 우리는 이 근처 학교에 볼일이 있어 가는 중입니다. 맛있게 드세요." 하고 그냥 갔다.

우리는 그 일을 두고두고 이야기했다. 그 경찰들이 정말 볼일이 있어 그 길로 갔는지는 알 수 없지만, 틀림없이 우리가 신호 어기는 것을 보고 따라왔던 것이라고. 그때 이 주임이 땅이 꺼질 듯이 한숨을 쉬며 신호 어긴 것을 인정하고 사과하자 그분들의 마음이 움직여 우리를 그냥 보내준 것으로 결론지었다.

만약 경찰관이 그때 신호위반 범칙금을 내게 했다면 우리는 어떻게 생각했을까? 아마도 '그냥 못 본 척하지. 그 길은 신호 지키는 사람보다 어기는 사람이 더 많은데 재수 없이 걸렸네!' 하고 생각했을지도 모른다. 아마 우리의 잘못보다 경찰의 융통성 없음을 탓하며, 그들이 업무에 충실했을 뿐이라는 사실은 인정하고 싶지 않았을 것이다.

살다 보면 잘못을 저지를 때가 많다. 나 역시 수많은 실수와 충돌을 겪으며 헤어짐을 경험하기도 했다. 상대방의 입장을 헤아리지 못하고 내 생각만 내세워서 생기는 다툼도 일쑤였다. 이제는 내가 한발 먼저 물러나서 생각해 본다.

사람의 마음은 비슷하다. 내가 먼저 잘못을 인정하고 사과하면 상대도 더는 잘못을 묻지 않고 넘어갈 때가 많다. 내가 먼저 다정하게 대하면 상대의 마음도 쉽게 누그러진다. 반대로 자신의 잘못을 절대 인정하지 않고 상대의 태도에 대해서만 따지면 사소한 일도 큰 싸움으로 번지게 된다.

층간 소음으로 인한 살인 역시, 결국은 서로가 본인의 잘못은 인정하지 않고 상대의 잘못만을 탓하기 때문에 일어나는 것이다. 서로의 잘못을 인정하기 싫어하면 무서운 결과를 초래할 수 있다.

상대가 화를 낸다면 한 번쯤 내 잘못은 없는지 뒤돌아봐야 한다. 그리고 진심으로 사과해야 한다. 설령 잘못을 인정했다 하더라도 사과는 차일피일 미루지 않았나? 그러다 시간이 흐르면 나중에는 어색해져서 멀어지게 되는 경우도 다반사다. 그렇게 됐을 경우 당신의 마음은 어떠한가? 불편했다면 그래서 먼저 진심으로 사과한 적이 있다면 당신은 참 괜찮은 사람이다.

사과하는 순간 당신의 마음은 어떠했는가? 자존심이 상하던가? 아니면 오히려 마음이 편안해졌나? 지금 당신이 느끼는 대로 앞으로의 인생을 살아가면 된다. 그런 당신 덕분에 세상은 밝아질 것이다. 다시 한번 외쳐보자. '너 때문'이 아니라 '나 때문'이라고!

# 05

## 사람 공부를 해야 하는 진짜 이유

우둔함 이외에 죄악은 없다.
- 와일드 -

　우리는 사람들과의 관계 속에서 살아간다. 가깝게는 부모 형제부터 학교 친구, 동료 등 관계는 점점 복잡해지고 다양해진다. 그만큼 관계는 어려우면서도 중요하다. 하지만 학교에서는 가르쳐 주지 않는다. 살아가면서 스스로 하나씩 터득해 나가야 한다. 그러다 보니 대부분 갈등과 스트레스들은 관계에서 비롯된다. 우리가 사람 공부를 해야 하는 이유다.

　작은아들이 중학생 때의 일이다. 학교에서 공개수업이 있으니 학부모들은 꼭 참석해 달라고 했다. 나는 공개수업에 참여하기 위해 직장에 휴가를 내고 아들이 다니는 중학교에 갔다. 교실에 들어서자 이미 많은 학부모들이 와 있었다. 부모들은 교실 맨 뒤에

서서 아이들의 수업을 참관했다. 이때 무심코 뒤를 돌아보니 커다란 보드에 학생들이 적은 글들이 있었다. 제목은 '하지 말아야 할 것'이었고, 그중에 한 문구가 눈에 띄었다. 다른 부모들도 그 글을 보고 실소를 터뜨렸다.

"보증을 서지 말자!"

마냥 웃을 수만은 없었다. 아이의 아픔도 함께 느껴졌기 때문이다. 그 글은 한 폭의 그림 아래에 적혀 있었다. 집을 그린 그림이었다. 아마 그 그림을 그린 아이의 부모는 보증을 섰다가 경제적으로 어려움을 겪었을 것이다. 예측컨대, 그 일로 인해 부모의 싸움은 잦았을 것이다. 아이 앞에서도 그 싸움은 계속됐을지도 모른다. 부모는 아이에게 상처를 주었을 것이고, 그 아이는 평생 이 사건을 기억할 것이다. 아이가 나중에 커서 보증서는 일은 없을 것이다. 비록 지금의 일이 상처가 됐을지는 모르지만 살아가는 동안 적어도 배신당하는 일은 일어나지 않을 것이라 믿어 본다.

그 아이의 글에 나는 하나의 기억이 떠올랐다. 오래전 이야기다. 우리 가족은 적은 봉급을 아끼고 아껴 직장조합 아파트 한 채를 분양받았다. 결혼할 때 22평 아파트를 장만했었으나 관리비에 대출금 갚기가 버거워 아파트를 팔고, 문정동에 방 2칸짜리 전세를 얻어 살고 있을 때였다. 드디어 다시 내 집에 들어오게 된 것이다. 면목동의 35평짜리 금호아파트였다.

행복도 잠시, 몇 년이 지나지 않아 일이 터졌다. 남편이 나 모르게 아파트 등기문서를 사업하는 친구의 담보물로 제공한 것이었다. 친구는 사업이 망해 도피 중이었고, 그 빚은 고스란히 우리의 몫이 되었다.

당시 아파트 가격이 9,000만 원 정도였는데, 경매에 잡혀 우리가 갚아야 할 빚은 6,500만 원이었다. 청천벽력 같았다. 한 달 100만 원 남짓의 월급으로 그 빚을 갚기란 불가능해 보였다. 돈도 돈이었지만 사람에 대한 배신감이 더 컸다. 남편은 도망가 버린 친구에게 배신감을 느꼈겠지만, 나는 남편에게 배신감을 느꼈다.

우리가 평생에 걸쳐 마련한 아파트였다. 그걸 한순간에 날려버린 무책임한 가장이라는 것도 모자라 그의 태도는 나를 더 경악하게 만들었다. 내게 빌고 또 빌어도 시원찮을 판국인데, 밥도 못 먹고 앓아누워 있는 나에게 그는 이렇게 말했다.

"나는 이 세상에 없는 사람이라 생각하고, 한 3년만 내 월급 안 받으면 될 것 아니야. 간단한 일을 가지고 뭐 그리 세상이 끝난 것처럼 야단법석을 떨고 난리야? 그 친구가 다시 잘되면 갚아 줄 거야."

나는 이 말에 더욱 약이 올랐다. 이제 그 빚을 못 갚으면 길거리로 나앉을 판인데, 참 태평한 말이다. 배신감이 나를 덮쳤다. 용서가 되지 않았다. 아니, 처음부터 용서를 빌지 않았기에 용서를 할 수가 없었다. 나만 이상한 사람으로 만들었다. 더 이상은 말도 섞기도 대면을 하기도 싫었다.

보증을 서서 집이 넘어갔다는 사실도 나는 한참 뒤에 알았다. 그 당시 막내아들을 임신 중이었다. 아이가 걱정되었는지 남편은 일이 터지자 나에게 비밀로 하고 혼자서 해결하느라 동분서주했다. 은행대출에 사채에 그래도 해결이 되지 않자 시골에서 농사지으며 살고 있는 오빠들에게까지 손을 벌렸다.

"지금 영자가 알면 죽는다고 난리 칠 것입니다. 거기다가 둘째까지 임신 중이니, 형님들 꼭 좀 비밀로 하고 도와주세요."

그가 받아온 돈은 2,500만 원이었다. 호박, 가지, 고추 등을 팔아 살아가는 농부에게는 정말 큰 금액이다. 오빠들은 여동생을 위해서 얼마 되지 않은 돈에다 대출까지 받아 그 일을 해결해 주었다. 그리고 나는 이 일을 막내를 낳고 한참 후에 알게 되었다.

이제 아파트도 한 채 마련했으니, 좀 여유 있게 살 수 있겠다고 생각했건만 다시 옛날로 돌아갔다. 아끼고 또 아끼는 생활이 시작되었다. 연 5% 이자로 대출받아서 8% 이자를 갚고, 다시 4% 이자로 바꿔서 5% 이자를 갚는 생활이 계속되었다. 그렇게 대출을 다 갚는 데 5년 정도 걸렸다. 억울했지만 그래도 길거리로 내몰리지는 않았으니 다행이라 여기며 살고 있다.

하지만 남편은 아직 정신을 못 차렸는지 그 후에도 친구라는 명목으로 여러 사람에게 돈을 빌려주고 못 받는 상황을 계속 만들었다. 지난해에는 1,000만 원을 대출받아 친구에게 빌려주었다. 나는 이 사실을 공직자 재산신고 때 일부가 누락되었다는 통보를 받고 알게 되었다. 또 뒤통수를 맞은 것이다.

　이 일로 인해 나는 사람을 잘 믿지 않게 되었다. 30년을 같이 살았지만 지금도 알 수 없는 것이 사람의 마음이다. 앞으로는 남편이 거절할 줄도 알고, 가족들에게 고통을 주는 일이 없었으면 하는 바람이다. 무조건 사람을 믿지 말고 제대로 사람 공부를 했으면 좋겠다.

　내가 이 일을 겪었다고 해서 모든 사람들을 믿지 않고, 모든 사람들과 관계하지 않는 것은 아니다. 지금도 여전히 웃고 떠들며 사람들과 잘 지내고 있다. 힘든 시기를 극복하고자 인간관계에 대한 책을 여러 권 읽었다. 어떻게 사람들은 남을 쉽게 믿으며, 어떤 마음으로 남을 속이고 배신하는지 알고 싶었다.

　'열 길 물속은 알아도 한 길 사람 속은 모른다'는 속담이 있다. 사람의 마음을 이렇게 정확하게 표현한 말이 또 있을까! 사람과 사람 사이의 관계를 유지하는 일은 어렵다. 그러니 사람 공부를 해야 하는 것이다.

　한평생을 살아가면서 겪는 기쁨, 행복, 배신, 절망 등 감정과 연관 있는 단어를 살펴보면 모두 사람과의 관계에서 비롯된 경우가 대부분이다. 사람에 대한 깊은 통찰로 심리를 잘 이해하게 되면 어떤 어려움이 닥쳐도 헤쳐 나갈 수가 있다. 원하는 관계도 맺을 수가 있다. 사람 공부는 서로의 관계를 더욱 가깝게 만들고 엉

킨 실타래를 풀듯이 복잡한 상황을 슬기롭게 풀어나가게 하는 힘이 될 것이다.

사람을 공부해 인생을 배우려면, 사람의 마음을 얻고 싶고 마음을 움직이고 싶다면 지혜가 필요하다. 사람의 마음은 예측도 어렵고 같은 상황에서도 서로의 관계와 보는 관점에 따라 또는 시간과 공간에 따라 대하는 방법을 달리해야 하기 때문이다.

돈이 많거나 능력이 월등하다고 해서 사람에 대한 공부를 하지 않으면 곤란하다. 현실에서의 사람 관계는 어렵고 예측하기가 불가능한 경우가 많고, 사람들은 속마음을 다 이야기하지 않기 때문이다. 그리고 다 말한다고 꼭 좋은 것만도 아니다.

사람의 심리는 미묘해서 같은 말도 그때의 기분에 따라 다르게 받아들인다. 말이란 서로의 관계에 따라, 또 각자의 상황에 따라 그 해석을 달리한다. 말수가 적은 사람의 경우는 마음을 알기가 더 어렵다. 사소한 말 한마디가 영원히 마음의 문을 닫아 버리기도 한다. 사람 공부를 시작하는 것이야말로 관계에 다가서는 첫걸음이다.

## 06

# 가장 즐거운 것은 인간관계다

사람의 가치는
타인과의 관계로서만 측정될 수 있다.
- 니체 -

내가 여기에 있을 수 있는 것은 모두 좋은 사람들이 곁에 있었기에 가능했다. 인간은 혼자 살 수 없는 존재다. 서로 관계 속에서 성장해야 한다. 그래야 사람들 속에서 살아갈 용기와 지혜, 힘을 얻을 수 있다.

13년 전쯤으로 기억한다. 나는 동료 여직원 4명과 토요일에 안면도로 여행을 가기로 했다. 그런데 내가 근무하던 부서에서 금요일에 안면도로 야유회를 가기로 되어있어서 먼저 안면도에 갔다. 그리고 다른 직원들은 토요일에 오기로 되어있었다.

토요일 당일이 되어 잘 내려오고 있는지 확인하려고 전화를 걸었다. 출발은 4명이 했는데 지금은 3명만 같이 있다는 것이었다.

한 사람은 어디 갔느냐고 물으니 웃기만 했다. 나중에 들은 이야기는 이랬다.

고속도로를 한참 달리다가 정체가 되어 차가 꼼짝하지 않았다. 그때 제일 나이가 어렸던 직원이 갑자기 화장실을 가고 싶다고 했단다. 그들은 차도 거의 서 있으니 얼른 다녀오라고 고속도로 한가운데서 그녀를 내려줬다. 그런데 문제가 발생했다. 갑자기 정체가 풀리더니 차들이 속도를 내기 시작한 것이다. 고속도로에서 그냥 서 있을 수는 없었다. 결국 그녀를 남겨둔 채 출발해 차를 움직일 수밖에 없었다.

그녀는 머리 좋고 재치 있기로 소문난 사람이었다. 알아서 오겠지 하는 믿음이 있었다. 아니나 다를까, 다음 휴게소에서 그녀는 웃으며 트럭에서 내렸다고 한다. 지나가는 트럭을 타고 온 것이다. 나는 저녁 식사 자리에서 그녀에게 만 원을 주었다. 지혜와 순발력으로 길을 찾아온 기특함에 대한 보상이었다. 잘 찾아와준 직원도 기특했지만, 고속도로 한가운데에서 그녀를 태워다준 트럭 기사 분께도 감사했다. 이 이야기는 지금까지도 우리에게 많은 웃음을 주고 있다.

우리는 살아가면서 많은 도움을 받는다. 아는 사람에게서는 물론이요, 전혀 모르는 사람에게조차도 도움을 받을 때가 많다. 이처럼 사람이 살아가는 데 있어 관계라는 것은 인생을 풍요롭고 행복하게 해 주는 요소다.

다음은 얼마 전 어느 민원인과의 일화다.

어느 금요일 오후, 전화벨이 요란하게 울렸다. 나는 얼른 전화를 받았다. 그런데 전화를 받자마자 상대방이 화를 냈다. 전화를 건 남자의 이야기는 부담금을 두 번 내서 환급을 받아야 하는데, 그럼 알아서 연락을 줬어야지 전화하게 만들었다는 것이 주 내용이었다. 화가 잔뜩 나 있었다. 알아보니 직원이 환급절차를 밟는 중이었다. 환급액은 70만 원 정도 되었다. 나는 이 사실을 말해 주며 조금만 더 기다려 주면 다음 주 월요일에 받으실 수 있다고 말했다.

"월요일이면 받으실 수 있는데, 조금만 더 기다려 주시면 안 될까요?"

"안 돼요. 당장 넣어 주세요."

"그럼 서둘러서 따로 처리해 드리도록 하겠습니다. 그런데 돈이 급하게 필요하신가 봐요?"

"아니에요. 당장 쓸 일은 없어요. 내일 전쟁 나면 못 받을 거 같아서요."

"내일 당장 전쟁이 나지도 않겠지만, 만약 전쟁이 나면 돈을 어디다 쓰시려고요?"

"음… 그러네. 그럼 다음 주에는 꼭 들어오는 거죠?"

"예, 제가 챙겨서 입금한 후에 전화 드리도록 하겠습니다. 고맙습니다. 오늘도 행복한 하루 되십시오!"

우리는 서로 웃으면서 다음에 커피 한잔 하자고 약속하며 통화를 끝냈다. 약속한 월요일에 환급금은 입금되었고, 확인 전화도 해 주었다. 자칫 언성을 높이며 기분이 상한 채로 통화가 끝날 수도 있는 상황이었다. 그랬다면 좋지 않은 기억으로 남았을 것이다. 스쳐 가는 인연일지라도 서로 배려하고 양보해야 한다. 우리는 서로에게 웃음과 행복을 주는 존재들이기 때문이다.

사람은 끊임없이 관계 속에서 살아간다. 그리고 좋은 관계는 사람을 즐겁고 행복하게 한다. 기쁨도 슬픔도 함께 나눌 수 있는 이들이 있어 살아가는 의미가 있다. 나는 나와 인연을 맺은 모든 사람들이 눈물겹도록 고맙다. 부모형제, 사랑하는 조카들, 친구들, 동료들, 그리고 내 가족들… 그들이 있어 나는 행복한 하루하루를 보낸다.

'사람이 없다면, 결코 천국도 갈 곳이 못 된다'는 레바논 속담이 있다. 세상에는 즐겁고 행복한 일들이 참 많다. 갑자기 돈을 벌어도 즐겁고 아이가 대학에 합격해도 행복하고 집을 크게 넓혀가도 행복하다. 그러나 이 세상을 살아가면서 사람이 사람에게 줄 수 있는 최고의 감동은 한결같은 마음과 사랑, 배려일 것이다. 이 세상에서 가장 즐거운 것은 그 무엇도 아닌 마음과 사랑을 주고받는 사람과 사람과의 관계다.

## 07

## 멀리 가려면
## 함께 가야 한다

행복을 잃을 수 있는 한
그래도 우리는 행복을 가지고 있다는 말이 된다.
- 타킹턴 -

사과를 반으로 쪼갰다. 각각의 반쪽은 닮은꼴이다. 그들은 원래 하나였으니 닮은 것은 당연했다. 부부도 이처럼 닮은 경우가 많다. 가끔 노부부의 모습이 어딘지 모르게 닮아있는 경우를 종종 목격한다.

우리 부부는 1983년도에 결혼했다. 함께한 세월이 벌써 30년이 넘었다. 그동안 여러 가지 일들을 함께 겪으며 싸우기도 참 많이 싸웠다. 결혼하는 해부터 싸움이 끊이지 않았다. 외출할 때는 둘이 나갔다가 들어올 때는 각자 들어오는 날이 비일비재했다.

싸움의 조짐은 연애하기 전부터 있었다. 남편과 나는 같은 주민센터에 근무할 때 만났다. 점심시간이 되어 갈비탕 집으로 여러

명이 같이 점심을 먹으러 갔다. 갈비탕이 나오자마자 공깃밥을 그대로 갈비탕 속에 퐁당 집어넣어 막 먹으려고 하던 참이었다.

"누가 먹여 살릴지 모르겠지만 돈 많이 벌어야겠네!"

"당신보고 먹여 살려달라고 안 할 테니, 신경 끊으시죠?"

우리의 인연은 이렇게 시작되었다. 말이 씨가 된다는 말이 있다. 그때 아무 말 말고 갈비탕이나 먹을 걸 후회했다.

결혼 초에는 웃지 못할 에피소드도 많았다. 당시에는 토요일에도 출근했었다. 퇴근 시간은 오후 1시였다. 남편에게서 12시쯤 전화가 왔다.

"2시쯤 들어갈게!"

전화를 끊고 나는 점심을 준비해 놓고 기다렸다. 그런데 2시가 넘어도 들어오지 않았다. 자정이 넘었는데도 감감무소식이었다. 얼마나 시간이 흘렀을까. 현관 벨이 울렸다. 나는 약이 바짝 올라 한바탕할 기세로 문을 열었다. 그는 자연스럽게 방으로 쓱 들어가면서 말했다.

"아이고, 시간 맞춰 오느라고 혼났네."

나는 시계를 보았다. 정확히 2시를 가리키고 있었다. 어이가 없었지만 할 말도 없었다. 낮 2시에 들어오는 줄 알았는데 내가 착각했구나 하고 말았다. 나중에 털어놓은 사실이지만, 남편은 원래 낮 2시에 들어오려고 했었다고 한다. 친구들과 잠깐 어울려 논다는 게 너무 늦어버렸고, 맘 놓고 놀다가 그래도 들어갈 명분은 있어야겠다고 생각해서 새벽 2시에 맞춰 부랴부랴 들어왔다는 것이었다.

신혼집은 송파의 반도아파트 11층이었다. 결혼 초반에는 무슨 이유였는지는 기억나지 않지만 정말 온몸으로 싸웠다. 베개가 날아가고 신발도 날아갔다. 나중에는 재떨이에 시계까지 날아다녔다. 나는 그가 던졌던 모든 물건을 몽땅 아파트 복도에 있는 쓰레기통에 버렸다. 재떨이, 베개, 그에게 내가 해주었던 예물 시계까지. 그때는 분리수거도 안 할 때고 쓰레기는 각층에서 버리면 1층 쓰레기장으로 바로 떨어지게 되어 있었다.

그 일이 있고 난 후 우리는 던지는 싸움은 더 이상 하지 않았다. 끝날 것 같지 않던 싸움의 끝에는 승자도 패자도 없었다. 대신 말다툼이 잦았다. 그것도 서서히 줄었지만, 사이가 좋아서 싸우지 않게 된 것보다는 피해 가는 방법을 택한 것이다.

내가 퇴근해서 청소를 하면 남편은 소파에 앉아 다리를 번쩍 들고 TV에서 눈을 떼지 않았다. 청소기를 소파 밑으로 넣어도 그는 꼼짝도 안 했다.

내가 밤 10시쯤 설거지를 하면 그는 이렇게 말했다.

"왜 꼭 밤에 설거지를 하는 거야. 낮에 하지 않고?"

어이가 없었다.

"그럼 직장 다니는 사람이 밤에 하지 낮에 해?"

정말 작은 일, 집안일이나 사소한 일로 우리는 끊임없이 잡음을 만들었다. 그러나 지금은 남편이 소파에서 TV를 보고 있으면 이렇게 말한다.

"내가 지금부터 설거지를 해야 하니 시끄러워도 좀 참으셔요. 내일은 일찍 와서 할게요."

내가 착해서가 아니다. 길고긴 싸움에 지쳐서 터득한 방법이었다.

우리가 싸우고 풀고를 반복하며 살아온 이야기는 수없이 많다. 싸움의 역사 속에서 우리도 어느덧 중년이 되었다. 지나온 날들을 생각해 보면 속상한 일도 울었던 일도 많았지만, 그래도 웃고 행복했던 일이 더 많은 시간이었다. 아들 둘이 태어난 것이 가장 기쁜 일이었고, 아파트를 넓혀 옮길 때도 참 행복했다.

어느 순간부터인가 소강상태를 보이던 우리의 싸움 역사는 그가 퇴직하면서 새로운 국면을 맞이했다. 퇴직을 해서도 집안일이라고는 쓰레기 버리는 일밖에 안 하면서 하루가 다르게 잔소리가 늘어갔다. 냉장고 문을 열어보고는 뭐가 못마땅한지 노려보며 서 있는 일도 잦아졌다. 요즘은 술주정도 늘었다. 술 먹으면 그냥 자면 좋으련만 몇 시간씩 식구들을 괴롭히곤 한다.

그러나 어쩌랴. 우리는 가족인 것을. 낮에는 그렇게 밉다가도 잠들어있는 모습을 보면 또 마음이 누그러져 풀리기도 한다. 이것이 30년을 살아온 가족이라는 이름의 끈인 것 같다.

앞으로 남은 인생을 혼자 가는 것보다 그래도 둘이 더 낫지 않을까, 싸우며 사는 것이 덜 외롭지 않을까 믿어 본다. 하나가 아닌 둘이어서 많이도 싸웠고, 지금도 싸우고 있지만 그래도 돌아보면 참 잘 살아왔구나 생각해 본다.

1960년대 미국의 과학자들이 샌프란시스코 인근의 주민들을 대상으로 라이프스타일과 건강의 관련성을 조사했다. 이들은 생활습관인 운동, 식사, 음주 등의 항목과 사회적 활동 등의 요소들이 건강에 미치는 영향을 살펴보았다.

과학자들은 많은 자료를 조사하고 건강과 사회적 관계와의 연관성에 대해 분석했는데, 이를 수치화해서 만든 것이 '사회관계망 지수'다. 이 지수에는 결혼 여부, 친척 및 친구의 숫자 및 그들의 만남, 모임 참여 횟수 등이 포함되어 있다.

그 결과를 보면 사망률은 사회관계망 지수가 높을수록 낮게 나왔다. 즉 사람들과의 교류가 많을수록 오래 사는 것으로 조사되었다. 이는 학력, 경제력, 운동량 등이 비슷한 환경이었음에도 두 배나 차이가 났다. 이 결과로 가늠해 볼 때, 결국 사람들과의 교류가 수명에도 영향을 끼친다는 것을 알 수 있다고 있다.

이런 연구결과가 아니더라도 우울증에 잘 안 걸리는 사람들은 말할 상대가 있고, 친구가 많고, 항상 웃음을 잃지 않으며, 자존감도 높게 유지한다고 한다. 사람들과의 만남이 항상 즐거운 것은 아니더라도 만남을 통해 자신이 누구인지를 확인하며, 서로의 유대감을 돈독히 해야 할 것이다.

혼자 가는 길은 빨리 지친다. 긴 인생길은 동행이 필요하다. 가족이나 친구, 배우자, 자녀는 모두 당신의 먼 여행길을 지치지 않고 가게 해주는 소중한 사람들이다. 당신도 그들과 함께 외롭지 않은 인생길이 되길 바란다.

## 08

# 결국은
# 사람이 답이다

희망이란 눈뜨고 있는 꿈이다.
- 아리스토텔레스 -

　나는 영월에서 고등학교를 졸업하고 서울로 오게 되었다. 처음 자취를 하다가 셋째 오빠네가 강릉에서 서울로 오게 되어 살던 집을 정리하여 1톤 트럭에 짐을 싣고 오빠네 대문 앞에 당도했다. 물론 오빠가 들어오라고 한 것이었다. 그러나 나는 대문 앞에서 쫓겨났다. 오빠가 올케와 상의도 하지 않고 나를 오라고 한 것이었다.
　보통은 그래도 짐까지 싣고 왔으면 '울며 겨자 먹기'로라도 들여보내지 않았을까 생각하지만 올케는 하룻밤도 재우지 않고 나를 밀어냈다. 이때의 충격으로 나는 아직도 셋째 오빠네와 서먹하다.

결혼 후 아들만 둘을 낳았다. 첫째가 초등학교 3학년 때 둘째가 태어났다. 늦은 나이에 둘째를 임신했기에 걱정이 많아 병원을 세 군데나 옮겨 다니며 검사를 받았다. 결국 문제가 드러났다. 전치태반이라는 것이다. 정상태반은 자궁의 위쪽이나 자궁 입구에서 얼마간 떨어져 있다. 이에 반해 전치태반은 태반이 분만 시 태아가 나오는 길목인 자궁 입구를 가리고 있거나 걸쳐있는 상태를 말한다. 전치태반일 경우 자연분만이 어려워 제왕절개를 해야 했다. 출혈도 많아서 나는 수혈까지 받았다. 이렇게 둘째는 어렵게 세상 빛을 보았다.

퇴원하고 집에 오자 첫째는 동생 얼굴을 보고 또 보았다. 신기하기도 하고 좋기도 한 모습이 표정에 그대로 드러났다. 한참을 보고는 슈퍼에 가더니 분유 한 통과 비오비타를 사 왔다. 동생이 처음 먹을 분유를 사기 위해 용돈을 모아두었다는 것이다.

첫째의 동생 사랑은 이렇게 시작되어 비 오는 날이면 본인은 비를 다 맞으면서 동생을 데려오고, 먹는 것을 비롯하여 무엇이든지 동생 먼저 챙긴다. 동생이 수능시험을 보고 돌아온 날은 컴퓨터며 게임기, 휴대전화 등의 선물로 방 안을 가득 채워줄 정도였다. 지금도 형의 동생 사랑은 진행형이다. 둘째는 어릴 때부터 커서 뭐가 되고 싶으냐고 물으면 '형아'라고 대답했다. 이런 두 아들을 보고 있을 때면 나도 무한한 행복에 젖어든다.

가깝게는 내가 사랑하는 가족에게, 멀리는 처음 본 사람들에게 서운함을 느끼게 되기도 하지만, 대부분은 고마움을 느끼고 행복을 느낀다. 사람들과 함께 살아가는 것은 참 행복한 일이다. 나는 사람들 속에서 이야기하는 것을 즐긴다. 그리고 그들과 아주 작지만 즐거운 일상을 나누며 지낸다.

하루는 지하식당에 점심을 먹으러 갔다. 한참 밥을 먹고 있는데 여직원 한 명이 "어, 계장님 오셨어요?" 하면서 내가 앉은 자리로 식판을 들고 옮기려고 했다. 그래서 나는 번거롭게 옮길 필요가 없으니 도로 가라는 뜻으로 "밥 먹다 자리 옮기면 시집 두 번 간대."라고 말했다. 그러자 여직원은 태평스럽게 웃으며, "아이참, 언니는 그렇게 좋은 걸 왜 이제 말해 주는 거야." 하더니 밥을 계속 먹었다.

또 우리 사무실에는 옆 머리숱이 적은 계장님과 뒤통수에 머리숱이 없는 직원이 있다. 하루는 계장님이 그 직원 뒤를 지나가며 한마디 던졌다. "소갈머리가 없군." 그러자 그 직원 왈 "주변머리 없는 것보다야 훨씬 낫죠!"

작은 일들에도 나의 옆에서 함께 웃어 주며 공유할 수 있는 사람들과 함께하니 행복하다. 여러 사람과 어울려 지내다 보면 더 많은 이야기가 생기고, 그것을 공유하는 사람들과 함께 추억을 쌓기도 한다. 그들이 있어 나는 오늘도 신나게 떠들며 행복한 하루를 보낸다.

기쁜 일이 있거나 슬픈 일이 있을 때도 늘 내 곁에는 많은 이들이 함께했다. 서로 들어주고 격려하는 이들이 있어 나는 오늘도 행복하다.

책을 쓰겠다고 충청도 오서산에 와있는 오늘도 나와 같은 꿈을 꾸며 책을 쓰는 꿈 동기들과 전화를 하고 카톡을 주고받았다. 서로 격려하고 힘을 실어 준다. 고마운 친구들이다. 그들과 함께할 수 있어 오늘도 미소와 함께 잠을 청한다.

살면서 돈과 시간이 필요할 때가 참 많다. 돈도 아끼고 시간도 잘 활용하며 살고 있지만, 돈이 많다고 해서 꼭 행복한 것만은 아니다. 시간이 많은 것도 마찬가지다. 돈과 시간이 꼭 필요한 것은 맞지만 무조건 많다고 해서 반드시 행복을 가져다주지는 않는다.

사람에게서 행복을 찾아야 한다. 내게 살아갈 힘을 주고 즐겁고 행복하게 하는 것은 어떤 상황이나 조건이 아닌 바로 사람이다. 모든 이의 인생에는, 그리고 일의 중심에는 사람이 있다.

인간은 사회적 동물이다. 모든 갈등과 오해도 사람으로부터 비롯되기는 하지만 그렇다고 사람을 포기해서는 안 된다. 기쁨, 즐거움, 행복 모두 결국 사람에게서 나오기 때문이다.

PART
5

배우고 가르치고
사랑하라

성장

## 01

# 제자리에 서 있는 인생이 되지 마라

불행을 통해 행복이 무엇인지를
배우게 된다.
- 토마스 풀러 -

엄마 낙타와 어린 낙타가 대화를 하고 있다.

"엄마 우리는 왜 이렇게 눈썹이 길어?"

"사막에는 먼지가 많기 때문에 눈썹이 긴 거야."

"엄마, 우리는 왜 이렇게 발이 뭉툭해?"

"왜 뭉툭하긴? 모래 위를 걸어야 하는데 뾰족하면 깊이 박히잖아. 그럼 힘들거든. 그래서 발이 뭉툭한 거야."

"엄마, 그럼 등에 2개의 봉우리는 왜 있는 거야?"

"사막은 넓고 끝이 없잖아. 그런 사막을 가야 하니까 영양분을 담는 봉우리도 2개가 필요한 거지."

"그럼 엄마, 마지막으로 하나 더 물어볼게요. 엄마와 나는 왜 사막이 아닌 여기 있어? 여긴 동물원이잖아."

"……."

슬픈 동화다. 많은 걸 가지고 있으나 사용할 수 없는 것들. 동물원에 있는 낙타는 스펙이 아무 소용이 없다. 우리도 지금 쓸 수 없는 스펙을 쌓고 있는 것은 아닌지 생각해 볼 일이다.

아무리 스펙을 쌓아 봤자 울타리 안에 있다면 아무 소용이 없다. 진짜 내가 있어야 할 곳에서, 야생에서 달려야 한다. 도전해야 한다. 동물원에 있으면 스펙은 아무 소용없다. 그것은 나의 삶이 아니다. 주는 밥 먹으면서 그냥 하루하루를 시간 메우기로 보내는 삶은 삶이라 할 수 없다.

나는 초등학교 3학년 때 달걀을 먹고 체한 적이 있다. 40년이 지난 지금도 달걀노른자만 먹으면 입에서 닭똥 냄새가 올라오는 것 같다. 그래서 체한 이후로 달걀은 흰자만 먹는다. 나는 그 오랜 시간 동안 내 몸이 그것을 기억한다는 것이 신기했다. 그리고 이런 일이 왜 일어나는지 궁금했다. 그래서 책을 찾아서 읽던 중 조셉 머피의 《잠재의식의 힘》과 오시마 준이치의 《커피 한 잔의 명상으로 10억을 번 사람들》을 읽게 되었다.

책 속에서 완전하지는 않지만 해답을 얻게 되었다. 바로 잠재의식이었다. 몸을 지배하는 잠재의식이 그 사실을 알고 있기 때문이었다. 잠재의식은 한번 받아들인 것은 절대로 잊지 않고 사람을 끊임없이 재창조한다고 한다.

우리도 잠재의식을 부정적인 의미가 아닌 생산적인 쪽으로 활용해야 할 것이다. 앞으로의 도전, 일상에서의 탈출, 그리고 내 안의 또 다른 나에게 귀를 기울이면 잠재의식의 힘에 의해 상상하는 것을 실현할 수 있다.

상상하면 현실이 된다고 한다. 하늘을 나는 비행기도 바다 위를 다니는 무거운 배도 처음에는 누군가의 상상에 의해 시작되었다. 그들의 상상이 지금은 현실이 되어 비행기를 타고 배를 타고 세계를 여행할 수 있게 되었다. 꿈을 꾸고 있는 많은 이들이 이미 꿈이 실현되었음을 상상하고 자신의 잠재의식을 믿으며, 꿈이 실현되는 그날까지 묵묵히 걸어 행복한 인생을 살기를 바란다.

조셉 머피 박사는 그의 저서 《잠재의식의 힘》에서 이렇게 썼다.

"당신의 생각이 적극적이고 건설적이며 정성스럽다면 올바른 해답을 얻는 것은 당연한 일입니다. 따라서 실패를 극복하기 위해 해야 할 일은 잠재의식이 당신의 아이디어나 요구를 받아들이도록 하는 것입니다. 당신의 아이디어나 소망이 이미 실현되어있다고 생각하세요. 그러면 나머지는 마음의 법칙이 처리해줄 것입니다. 믿음과 확신을 갖고 당신의 소망을 내맡기세요. 그러면 당신의 잠재의식이 받아들여져 당신을 대신해 해답을 줄 것입니다."

　잠재의식은 마음이 강제하는 것에는 반응하지 않으며 현재 의식이 받아들이는 것과 당신의 믿음에 반응한다고 덧붙였다.
　하루가 멀다하고 빠르게 변화하고 있는 요즘 사회는 멈춤을 용납하지 못한다. 무조건 앞만 보고 달려가기를 기대하고 있다. 긴 달리기 끝에 잠깐 쉬는 것조차 못 견뎌 한다. 그리고 본인 스스로도 멈추어있으면 불안해한다. 잠시 멈춰있다가 영원히 달리지 못하게 될까 두렵다.
　행복은 겉으로 보이는 화려한 삶이 아니라 고뇌하는 삶에 있다. 좌절과 실패에 무릎 꿇지 말고 극복하고 성찰하는 삶을 살아야 한다.
　나는 많은 시간 멈춰 서 있었다. 아니, 어쩌면 뒤로 가고 있었는지도 모른다. 남들은 달리는데 걸어간다면 뒤로 가는 것과 마찬가지다. 그것을 깨닫고 책 읽기와 책 쓰기를 시작했다. 지금 생각해 보면 무엇인가 이루고 성취했을 때의 행복보다 무엇인가 행동하는 것, 어제보다 조금 더 나아진 오늘, 꿈꾸는 것들이 이루어질 것이라는 상상 등 과정에서 기대하는 행복이 더 크다는 것을 알았다.
　이는 마치 주말 당일보다는 주말을 기다리는 금요일이 더 설레고 더 행복한 것과 비슷하다. 소풍 가는 날보다 소풍 가기 전날

밤의 설렘과 여행지에 도착했을 때보다 여행을 준비하는 과정의 행복감을 우리는 안다.

행동하기는 쉽지 않다. 사람은 죽음이 눈앞에 찾아왔을 때 이렇게 후회한다고 한다.

'이렇게 될 줄 알았으면 그때 해 볼걸…'

도전도 행복도 살아있어야 가능한 일이다. 살면서 가장 위험한 일은 미리 걱정하며 아무 일도 하지 않는 것이다. 실패부터 머릿속에 그리면 결과는 다시 볼 필요도 없다. 성공한 사람들의 자서전을 보면 대부분 다 도전과 실패, 또 도전과 실패 끝에 성공이라는 결과를 낳았다는 것을 알 수 있다.

지금 당신의 삶이 의미가 없게 느껴지는가? 당신의 인생에서 가장 커다란 실패를 경험하고 있다는 생각이 드는가? 지금이 가장 큰 시련의 순간이라고 생각되는가? 그렇다면 과거에 누구도 살아보지 못한 당신의 자서전을 쓰고 있다고 생각하면 된다. 그것도 아주 감동적인 자서전을. 당신의 멋진 자서전을 위해 이제 생각을 행동으로 옮길 때가 왔다.

'시작이 반'이라는 말도 있다. 이제 시작하고 행동하라! 러닝머신에서는 아무리 뛰어도 제자리다. 밖으로 나가라. 그리고 천천히 걸어라. 멈추어 있으면 안 된다. 동물원에 갇혀서는 안 된다. 그러기 위해서는 한 발짝이라도 내디뎌야 하고 울타리를 넘어야 한다.

배움을 놓아서도 안 된다. 끊임없이 도전하고 앞으로 나아가라. 그것이 우리가 해야 할 일이다.

## 02

## 실패하며
## 배우는 것들

> 불행은 그것을 얘기함으로써
> 가볍게 할 수 있다.
> - 코르네이유 -

'1만 시간의 법칙'이라는 말이 있다. 하루 3시간씩 10년을 노력해야 원하는 것을 이룰 수 있다는 법칙이다. 노력 없는 성공은 없다. 1번의 성공을 위해서는 99번의 실패와 같이 살아가야 한다.

누구나 실패하지만, 누구나 일어서는 것은 아니다. 매일 실패한 자신을 원망하며 자책과 후회로 귀중한 삶을 얼룩으로 물들인다면 빛나는 삶은 멀리 도망가 버린다. 실패한 자신을 마주 보고 용서하고 달래 주어야 한다. 자신에 대한 믿음을 굳건히 하고 다시 용기를 내야 한다.

사업을 확장하다가 실패했으나, 다시 일어선 기업인이 있다. 천호식품의 김영식 회장이다. 그는 달팽이 건강식품으로 큰돈을 벌었다. 한때 부산에서 현금보유기준으로 100명 안에 들던 기업가였다. 그는 여기에 만족하지 않고 사업을 점점 확장해 나갔다. 그의 전문인 건강식품이 아니라 찜질방, 황토방 등 비전문분야까지 확장했다. 무엇이든 하면 잘될 것으로 알고 비전문분야에 손을 뻗은 것이다. 그때 IMF가 터져버렸다. 그도 여파를 크게 맞았다. 파산해 버리고 만 것이다. 회사는 물론 집까지 경매로 날아가 버렸다. 오래도록 가꾼 노력이 무너지는 것은 순식간이었다.

커다란 시련 앞에 그는 절망했다. 하지만 그대로 쓰러지지는 않았다. 일어서기 위해 선택한 것은 쑥이었다. 전철을 타고 다니며 전단지를 뿌렸고 누구를 만나든 쑥 이야기를 하고 전단지를 나눠줬다. 그는 쑥에 미쳐있었다. 그렇게 전단지를 뿌리고 다닌 지 한 달이 지나자 효과가 나타났다. 첫 매출을 올린 것이다. 첫 달 1,000만 원 정도의 매출은 1년이 지나자 5억 원으로 올라가 있었다. 재기에 성공한 것이다.

쑥에 미친 지 1년 만에 그는 일어섰다. 무엇이 그를 일으켜 세웠을까? 못 팔면 죽는다는 절박함과 처절함이었다. 그의 실패와 성공스토리를 담은 《10미터만 더 뛰어봐》라는 저서를 읽고 감동을 받았다. 나는 이 책을 밤 10시에 읽기 시작했다. 1시간만 읽고 잘 생각이었으나, 책을 손에서 놓지 못해 그날 모두 읽고 잤다. 그의 실패와 성공 이야기는 나를 끌어당겼다. 그의 시련과 역경이 고스란히 느껴졌다. 이 책에서 그는 재기에 성공한 이야기를 단한 줄로 썼다.

"넘어진 자리에서 다시 시작한 덕분이다."

지금 넘어진 그 자리에서 다시 시작했기 때문에 그는 재기에 성공할 수 있었다. 지금은 광고에도 직접 출연하며 다시 그의 자리를 찾았다.

재기에 성공한 사람들의 공통점이 있다. 시련과 역경이 찾아왔지만, 포기하지 않았다는 점이다. 시련과 역경이 찾아왔다고 주저앉아서는 안 된다. 달아나서도 안 된다. 불평도 하지 마라. 지금 넘어진 그 자리에서 다시 일어서면 된다.

여기 또 한 사람의 성공담이 있다. 그는 어릴 적 지독한 가난과 그로 인한 아버지의 자살, 그리고 낮은 학력으로 힘든 삶을 살아왔다. 처음 책을 썼을 때 출판사에 투고했으나 200번이나 거절당했다. 그러나 그는 이를 실패라고 생각지 않았다. 도전하고 또 도전한 결과 드디어 한 출판사에서 자신의 책을 출판하는 기쁨을 맛보았다. 이것은 시작에 불과했다. 그는 실패에 굴하지 않고 자신만의 인생을 치열하게 살아냄으로써 20여 년간 200여 권의 책을 쓰고 그중 수십 권이 베스트셀러에 올랐으며, 그의 글이 교과서에 실리기도 했다.

그는 스스로를 '또라이'라 칭하며, 다른 사람과 경쟁할 것이 아니라 자신과의 싸움에서 이겨야 한다고 말한다. 지금은 5억 원 상당의 람보르기니를 타는 남자가 되었으며, 연봉 30억 원의 신화를 이루었다. 천재 코치 김태광 작가의 이야기다. 그는 7가지 자기계발 법칙으로 자신의 인생이 마법처럼 변했다고 역설하며 저서 《7가지 성공수업》에서 이렇게 말했다.

"지금보다 멋지고 위대한 인생을 살고 싶다면 스스로를 절대 과소평가하지 마라. 과거의 내가 그랬듯이 주위 사람들이 어떤 말을 하더라도 스스로를 저평가된 우량주라고 여겨라."

그리고 무조건 자신의 이름 석 자가 들어간 책을 쓰라고 조언한다. 당신의 경험과 깨달음이 담긴 스토리가 스펙을 이기는 법이라고. 이어서 그는 또 한마디를 덧붙인다.

"성공해서 책을 쓰는 게 아니라 책을 써야 성공한다."

그는 성공하고는 거리가 먼 생활을 하면서도, 즉 성공한 인생이 아니었을 때도 꾸준히 책을 썼다. 그리고 드디어 성공했다. 성공한 그의 말을 한번 되새겨 볼 필요가 있다. 갈 길을 아는 사람에게 세상은 길을 비켜준다고 한다.

우리는 성공을 바라지만 인생은 생각하는 대로 되지 않으며, 성공보다 실패할 때가 훨씬 더 많다. 그러나 내일을 위한 오늘의 실패를 두려워하지 말아야 한다. 선택도 마찬가지다. 오늘은 비록 잘못된 선택이라고 할지라도 내일의 관점에서 보면 잘한 선택일 수도 있다. 실패한 오늘이 있기에 바로잡을 수 있는 내일이 있는 것이다. 실패의 경험은 누구에게나 있다. 그러나 극히 소수의 사람만이 실패의 경험에서 인내의 소중함을 알아차린다.

연목구어(緣木求魚)란 나무에서 고기를 잡을 수 없다는 뜻이다. 어제까지는 그것이 나무인지 몰랐다. 미리 알았더라면 계속 뛰어오르지는 않았을 것이다. 알았다면 지금 물속으로 들어가 고기를 잡아라. 그러나 나무를 쳐다봤던 시간들을 아까워 말라. 거기서도 당신은 무언가 배웠다. 모든 실패는 실패로 끝나지 않고 갈 길을 알려 준다. 그래야 세상이 좀 더 공평하다는 생각이 들지 않겠는가!

실패는 한층 더 노력하라는 격려다. 격려 따위 필요 없다고 생각해도 받아들여야 한다. 왜냐하면, 한 번 사는 인생을 실패인 채로 끝낼 수는 없기 때문이다. 실패라는 격려 속에서 일어설 힘을 얻고 배워야 한다. 아무리 절망적인 상황이라도 자신을 향해 외쳐야 한다.

"여기서 져서는 안 된다. 일어서야 한다!"

지금 가고 있는 길이 당신이 가야 할 길이라면 계속 가면 된다. 방향이 틀렸다고 생각된다면 지금이라도 가차 없이 다른 길을 선택해야 한다. '우물을 파도 한 우물을 파라'는 속담도 맞는 말이지만, 우물이 될 수 없는 곳이라면 과감히 방향을 틀어야 한다. 이전의 실패한 경험은 절대 잊어선 안 된다. 다른 길을 갈 때, 다른 우물을 팔 때 분명히 도움이 될 것이다.

실수와 실패는 당연한 것으로 받아들여야 한다. 실패는 자신이 무엇인가를 시도했다는 것이며 무엇인가를 만들었다는 뜻이기도 하다. 찬찬히 들여다보라. 어쩌면 그 안에 당신이 찾고 있는 답이 있을지도 모른다. 그 답을 찾아냈다면 당신은 이제 성공으로 가는 길목에 들어선 것이다.

실패를 있는 그대로 정직하게 인정할 줄 알아야 실패의 기회를 이용해 교훈을 얻을 수 있다. 포기의 명분으로 이용하는 것은 경계해야 한다. 실패는 또 다른 시작을 알리는 알람으로서의 기능이 더 값지기 때문이다.

한때는 나도 한 가지 실패의 경험을 놓고 모든 것을 잃어버렸다고 생각한 적이 있었다. 그 순간 느낀 감정은 놀랍게도 더는 잃어버릴 것이 없다는 편안함이었다. 두려움이 없어졌다. 지금까지 살면서 나의 태도는 정말 모든 것들을 조금이라도 움켜잡고 뭐든 잘하려고 했고, 남들이 말하는 모범생이었다. 조금이라도 잘못되지 않으려고 발버둥 치며 살다가 하나를 잃어버리자 까마득한 낭떠러지 아래로 떨어진 기분이었다. 그런 기분에서 허우적대다 정신을 차리고 보니 이런 생각이 들었다.

'바닥을 맛보았으니 이제는 올라가는 일만 남았다!'

그렇게 다시 일어서기로 했다. 그 수단으로 나는 책을 쓰기로 결심했다. 독자에서 작가로 거듭나기로 한 것이다. 처음부터 작가가 꿈은 아니었다. 오히려 꿈속에서도 작가가 되리라고는 생각해 보지 못했다. 실패를 경험한 뒤 다른 길을 찾은 것이다. 그렇게 나는 지금까지 두 권의 책을 썼고, 세 번째 책을 쓰고 있다. 앞으로 네 번째, 다섯 번째 책도 쓸 것이다.

인생에서 실패라고 생각한 순간 또 다른 길이 있음을 알아차려야 한다. 또 다른 길이 당신을 맞이할 준비를 하고 있음을 눈치 채야 한다. 과거의 나는 책을 많이 읽으면서도 책을 쓸 생각은 전혀 하지 못했으며, 그렇게 많은 강의를 들으러 다니면서도 강의할 생각은 전혀 하지 못했다. 그러나 실패를 딛고 과거의 나와 다른 나로 한번 살아보기로 생각을 바꾸자 마법처럼 기회가 찾아왔다.

오랜 직장생활을 하는 동안 나는 진정으로 원하는 것을 해 본 기억이 별로 없다. 지금은 다르다. 진정 내가 원하는 일을 하고 있다. 하루하루 가슴이 설레고 행복하다. 이런 행복은 이전의 실패가 없었다면, 실패에 좌절하고 쓰러진 채 일어서지 못했다면 절대 느낄 수 없는 것들이다.

실패를 딛고 포기하지 않고 다른 길을 찾게 되니 앞으로 더 큰 시련이 닥친다고 해도 자신감이 생겼다. 어떤 실패도 기쁘게 맞이하고 오뚝이처럼 다시 일어설 것이다. 실패를 실패로 끝내면 자신과의 싸움에서 진 것이다. 그것은 신이 원하는 것도 아니다. 신은 인간에게 견딜 수 있는 만큼의 시련만 준다고 한다. 더 큰 시련이 닥쳐와도 이렇게 생각하자.

'신은 도대체 나를 어디에 쓰시려고 이리 시련에 시련을 자꾸 더하는 걸까? 그렇다면 얼마나 더 큰 내가 될 수 있는지 한번 도전해 보자!'

# 03

# 기적은 스스로
# 찾아오지 않는다

궁핍은 영혼과 정신을 낳고,
불행은 위대한 인물을 낳는다.
— 빅토르 위고 —

    기적을 경험해 본 적이 있는가? 나는 기적까지는 아니지만 작은 행운 정도라고 할 수 있는 일들을 몇 가지 겪은 적이 있다. 기억나는 대로 적어 보면 대략 이렇다.

    어느 날 출근길, 엘리베이터를 타고 지하 주차장에 도착했다. 이때 화장대 위에 놓고 나온 자동차 열쇠가 생각났다. 일찍 출근하는 편이라 시간은 넉넉했지만, 다시 16층까지 올라가야 할 생각에 살짝 짜증이 났다. 하지만 별수 없이 다시 16층을 누르고 막 올라가려던 그때, 주머니에 손을 넣었더니 자동차 열쇠가 잡혔다. 평소에 안 입던 옷을 꺼내 입고 나왔는데 그렇게 찾아도 없던 열쇠가 주머니에 있었다. 순간적으로 너무 기뻤다. 예기치 않은 행운이다.

하루는 책장 청소를 하다가 《수호지》를 집어 드는데 책갈피 사이에서 지폐가 떨어졌다. 10만 원이었다. 내가 넣어 둔 기억은 없었다. 분명 남편이 넣어 뒀으리라 생각되어 도로 넣어 두었다. 그리고 다시 일주일이 지난 후 이 사실을 남편에게 알려 주었다. 그도 기억이 없단다. 그러면서 자기도 모르니 나에게 쓰라고 했다. 이렇게 10만 원을 벌었다.

나의 고향은 강원도 영월이다. 이곳에 오빠 두 분이 살고 있고, 나는 1년에 두세 번 정도 찾는다. 언젠가 영월에 갔을 때였다. 둘째 오빠네 집에는 김치냉장고가 없었다. 그때 마침 홈쇼핑에서 김치냉장고를 팔고 있었다. 그것을 보고 나는 바로 주문을 했고, 그렇게 오빠에게 냉장고를 사 주고 서울로 왔다.

서울로 돌아오는 길에 현금이 필요해서 지갑을 열었는데 까마득하게 잊고 있던 로또복권이 들어 있었다. 3개월 전 대학로 마로니에 공원 옆 가판대에서 샀던 것이었다. 혹시나 하는 마음에 복권을 맞춰 봤는데 3등에 당첨되었다. 3등 당첨금은 128만 원이었다. 그 순간 '냉장고를 사줬더니 도로 나한테 복이 들어왔네!' 하며 기뻐했던 기억이 있다.

이것이 내가 그동안 살면서 행운이라고 생각한 대표적인 사례들이다. 그 외에도 작은 행운이 온 순간들도 종종 있다. 잠실야구장에 갔다가 행운권이 당첨되어 맥주 6캔을 탄 적도 있고, 직장노조에서 총회를 할 때 추첨을 통해 경품을 주는데 2년 연속 당첨된 적도 있다. 한 번은 20만 원 상당의 자전거를 탔고 또 한 번은 40만 원 상당의 제습기를 탔다.

우리는 살면서 행운을 몇 번이나 만날까? 열쇠 하나 찾은 것, 집에 있는 10만 원 발견한 것, 맥주 6캔과 제습기가 행운일까, 기적일까? 행운이라 말할 수도 있겠지만, 기적이라 말할 일들은 아니다. 살아가면서 우리는 이런 행운조차도 만나기 쉽지 않다. 나도 이것이 전부다.

우리는 가끔 기적을 바란다. 엄마들은 공부 못하는 아이가 명문대에 합격하게 해달라고 대구에 있는 삿갓(건들)바위까지 올라가 기도를 한다. 어떤 학생은 프랑스의 수도를 쓰라는 시험문제의 답을 런던으로 써놓고 '제발 프랑스의 수도가 런던이 되게 해 달라'고 기도한다. 이는 진정한 의미의 기도가 아니다. 우연히 찾아올 기적을 바라는 헛된 꿈인 것이다.

나도 노력은 하지 않으면서 '제발, 제발'을 외치며 간절하게 바란 적이 많았다. 물론 모두 이루어지지 않았다. 그리고 이제는 그런 말도 안 되는 기적을 바라지 않는다.

나는 직장에서 열심히 일하는 것 외에는 할 줄 아는 게 별로 없었다. 처음 들어간 직장에서 그 생활을 천직으로 알고 살아온 사람이다. 그렇게 직장인으로 열심히 살아가던 어느 날 나는 벌써 정년이 현실로 다가오는 50대 후반이 되어 있었다. 직장과 가정만 아는 다람쥐 쳇바퀴 같던 지난날들이 떠올랐다. 그리고 의문이 생겼다. 지나간 작은 성취에 매달려 살 것인지, 더 큰 목표를 향해 저질러 볼 것인지.

"이대로 정년을 맞이할 것인가?"

"요즘은 수명도 점점 길어진다는데, 남은 인생 혹시 다른 삶을 한 번 더 살 수 있을까?"

답이 없었다. 그러던 중 초등학교 교사였다가 50세에 사표를 내고 혼자 해외여행을 하고 있는 김순자 여행가의 강연회에 참석하게 되었다. 그녀는 5년째 여행 중이라고 했다. 모든 것들을 남겨 두고 떠날 수 있는 용기가 부러웠다. 배낭을 꾸릴 수 있는 자신감이 부러웠다.

평소 여행에 관심이 많은 친구를 따라간 강연회였는데 그곳에서 뜻밖에도 나의 미래를 생각하게 되었다. 관심이 있으면 뭐든 잘 보인다. 평소 아이에는 관심이 없다가도 임신을 하면 길에서 아이만 보이는 것처럼, 관심을 갖자 이런 신문기사도 보였다. 다음은 2016년 4월 22일자 〈한겨레〉 신문에 실린 여행작가 박재희 씨의 이야기다.

20년을 넘게 직장인으로 살아가던 그녀는 사표를 내고 여행길에 올랐으며 여행기 《숲에서 다시 시작하다》를 펴내기도 했다.

"요즘 가장 머릿속을 맴도는 화두가 있다면?"이라는 기자의 물음에 그녀는 "멋진 노인이 되기! 나의 진정한 야망이다. '어떻게 하면 남은 생애 30년을 남과 내가 도움되는 삶을 살 수 있을까? 진짜 내가 하고픈 일을 하며 자유롭게 살며 늙어 갈까'이다."라고 답했다.

나름대로 열심히 살았지만 버려지고 남루한 모습으로 현재의 나이가 되었다. 사람들은 말한다. 내 나이에는 이미 성공했어야 하지 않겠느냐고. 이 나이까지 이룬 것이 없으면 앞으로도 별다를 것 없는 인생이 펼쳐질 거라고. 하지만 나는 당당히 말한다. 꿈이 있는 사람은 다르다고, 지금까지 경험에서 배운 것들을 꺼내놓을 나이가 아니냐고 반문한다.

이제 다시 시작이다. 나는 뚜벅뚜벅 걸어갈 것이다. 남들의 얘기에 귀 기울이지 않을 것이다. 앉아서 기적이 찾아오기를 기다리지 않고, 앞만 보며 달려갈 것이다. 나는 이런 내가 정말 대견하고 자랑스럽다.

나는 아직 젊다. 60보다 젊으며 70이 되려면 아직도 많은 시간들이 남아 있다. 남들은 끝났다고 생각하는 나이라고 해도 나에게는 아니다. 다시 꿈을 꾸고 시작할 수 있는 용기가 나에게는 존재한다. 남들은 비웃을 수도 있다. 아니, 비웃고 있을지도 모른다. 그러나 나는 꿈에 날개를 달고 훨훨 날아다닐 것이다. 그동안 날지 못하고 엉금엉금 기어서 왔다면, 이제는 날아야 할 차례기 때문이다.

살아있다면 무엇이든 할 수 있다. 세상은 당신에게 너무 늦은 나이라고, 이미 정해진 위치가 한계라고 말할 수 있다. 하지만 꿈 앞에서는 소용없는 말이다. 꿈을 꾸는 당신만이 운명의 벽을 허물어버릴 것이다.

세상을 바꾸겠다고 꿈을 꾸고 세계를 움직인 스티브 잡스는 55세에 죽었다. 그는 마지막에 "오우!"라는 한마디를 남겼다고 한다. 어떻게 죽으면서 "오우"하고 감탄사를 할 수 있었을까? 대체 저세상의 무엇을 보았기에 감탄을 한 것일까?

분명 굉장한 것을 보지 않았을까. 나도 여한 없이 하고 싶은 일을 하며 나머지 인생을 산다면 저세상을 보고 감탄을 하지 않을까 생각해 본다.

기적은 스스로 찾아오지 않는다. 당신이 만들어 가야 하는 것이다. 세상이 비웃는 나이나 위치에서 다시 시작하기 위해서는 출발선에 서야만 한다. 온갖 어려움을 극복하며 기적을 만들어 가야 한다. 그리고 언젠가 그 끝에는 목적지에 도착한 내가 서 있을 것이다. 당신이 목숨 걸고 노력했을 때, 기적은 당신 편이 될 것이다.

## 04

# 제2의 인생,
# 현역이 답이다

이것이 최악이라고 말할 수 있는 동안은
아직 괜찮다.
- 셰익스피어 -

'60대 베이비붐 세대 5명 중 1명은 다 큰 자녀 부양'

2016년 5월 25일자 〈한겨레〉 신문 타이틀이다. 요즘 우리 사회는 청년실업 문제로 몸살을 앓고 있다. 그리고 늘어나는 평균수명과 함께 은퇴 후의 인생 또한 화두로 떠오르고 있다. 정년 후의 은퇴도 문제가 되지만 구조조정, 명예퇴직 등으로 은퇴 시기가 점점 앞당겨지고 있는 실정이다. 언론에서는 조선업계의 불황으로 직장을 그만둬야 하는 인원이 1만 5,000명을 넘을 것을 우려하는 목소리를 내고 있다.

같은 구청에 근무하다가 퇴직한 분들의 근황을 들어보면 안타까운 일이 참 많다. 반면에 현직에 있을 때보다 더 웃음이 많아지고 행복해 보이는 분이 계신다. 차이는 무엇일까? 바로 일이다. 그것도 하고 싶은 일을 하는 것이다.

전에 같이 근무하다 팀장으로 퇴직한 분이 있다. 그분은 퇴직 전부터 화초 가꾸기를 취미로 배우고 있었다. 퇴직 후에는 친구와 함께 경기도에 밭을 빌려 비닐하우스를 지어 본격적으로 화초 공부를 시작했다. 같이 근무할 때 우리는 모임을 하고 있어서 그분이 퇴직 후에도 1년에 2번 정도 만날 수 있었다. 모임에 오면 늘 화초 얘기로 꽃을 피우며 휴대전화 사진첩에 담긴 수십 장의 사진을 보여 주면서 늘 즐거워했다. 1년 정도의 시간만 더 투자하면 수입으로도 연결할 수 있다고 하니 제2의 인생을 정말 잘 살고 있다는 생각이 든다. 참 행복해 보였다.

또 한 분은 팀장으로 정년퇴직을 했는데 지금은 구청의 주차 단속 요원으로 근무한다. 5년쯤 된 것 같다. 보통 팀장이나 과장으로 퇴직하면 다시 구청에서 근무하는 일을 선택하지 않는다. 그러나 이 팀장은 다른 사람이 뭐라 하든 상관하지 않고 지금도 웃으며 열심히 근무 중이다.

보수나 자리는 그리 중요하지 않다. 일을 한다는 것이 중요한 것이다. 할 일도 있고 용돈도 스스로 벌 수 있으니 얼마나 좋은가. 특별히 취미가 없거나 하고 싶은 일이 없는 사람은 퇴직 후에도 할 수 있는 일을 찾아 계약직으로든 계속 경제생활을 하는 것도 참 바람직하다고 생각한다. 늘 웃으며 근무하는 모습을 볼 때마다 흐뭇하다. 당당하게 자신의 길로 가는 모습이 부럽기도 하다.

두 사람은 각기 다른 방법으로 성공적인 은퇴 후의 삶을 살고 있다는 생각이 든다. 사람은 자기가 하고 싶은 일을 하거나 잘할 수 있는 일을 하는 것이 행복한 인생이 아닐까 한다. 분재를 가꾸는 일도 주차단속 요원 일도 평생 현역으로 살아갈 수 힘의 원동력이 될 수 있기 때문이다.

두 분처럼 은퇴 후를 행복하게 보내는 분이 있지만, 정반대의 경우도 있다. 그 사람은 살림에 조예가 깊었다. 직장에 다니면서도 설거지하기, 보일러 고치기 등 늘 집안의 크고 작은 일을 열심히 해냈다. 직장도 가정에도 충실한 분이었다.

우리는 그분이 집안일을 원래부터 잘했으니 퇴직 후에는 시간도 여유가 있고 경제적으로도 별 어려움이 없으니 사모님과 시장도 다니고 등산도 하면서 알콩달콩 재미있게 잘 살 것으로 생각했다. 그런데 어느 날 이분의 소식을 가지고 온 직원이 해준 말은 꼭 그렇지만은 않았다.

"현직에 있을 때랑 퇴직 후와는 다른가 봐요. 평소에 술도 별로 좋아하지 않고, 집에 일찍 들어가서 살림도 도와주었던 것은 현직에 있을 때만 좋았고, 퇴직 후에 주업이 되고 나니 사모님이 그리 좋아하는 기색이 아니더래요."

퇴직한 지 3개월쯤 지나고 사모님이 이렇게 말했다고 한다.

"당신은 친구도 없어? 만날 집에만 있게. 집안 살림은 내가 할 테니까 어디 경비나 아무 데라도 아침 먹으면 나갈 곳을 좀 찾아 봐. 남자는 그저 아침에 나갔다가 저녁에 들어와야 한다니까."

'젖은 낙엽', '일식이', '이식이', '삼식이'라는 말이 있다. 요즘 퇴직 후의 남자들을 지칭하는 것으로, 삼식이는 삼시 세끼를 다 집에서 챙겨 먹는다는 한심한 의미로 하는 말이다. '젖은 낙엽'은 부인의 치맛자락에 딱 붙어서 떨어지지도 않는 퇴직자를 일컫는 말이라고 한다.

30년 동안 직장에 다니며, 자식 뒷바라지하느라 청춘을 다 보내버린 중년들에게 너무 가혹한 것 같다.

지금은 100세 시대다. 운이 좋아 60살에 정년퇴직을 한다고 해도 40년의 세월이 남아있다. 긴 세월을 그저 휴식만 취하면서 살 것인가, 아니면 제2의 인생에 한번 도전해 볼 것인가? 이 질문의 답은 당신의 선택에 달려있다.

전에는 정년퇴직하면 집에서 손자들이나 돌보며 가끔 등산도 하고 좋아하는 취미를 살려 여유롭게 생활할 수 있다면 더 바랄 것이 없는 최고의 노후 생활이었다. 점점 발전하는 시대 속에서 현대 의학은 인간의 수명을 늘려 놓았고, 제대로 제2의 인생을 준비하지 않으면 장수하는 것이 더 곤혹일 수 있는 시대로 변하고 있다.

퇴직 후 주어진 세월 동안 그저 TV와 씨름하며 하루하루 시간을 메워가는 삶을 살 수는 없다. 새로운 직업을 가져야 한다. 자녀들에게 노후를 맡기던 시대도 지나갔다. 그들도 살기가 너무 힘들다. 내 삶은 내가 책임져야 한다.

물론 돈 때문에 일을 해야 한다는 것은 아니다. 새로운 것을 배우는 기회, 또 다른 삶을 살 기회로 일을 해야 한다는 의미가 더 크다. 지금부터 최선을 다하는 삶을 살아야 한다. 제2의 인생을 위해 꾸준히 성장해 나가야 하고, 온 힘을 다해 전념한다면 이루지 못할 것은 없다는 신념이 있어야 행복할 수 있다.

몇 년 전부터 많은 책을 읽고 강의를 들으러 다니다가 '나도 책을 쓰고 강의를 해보고 싶다!'라는 꿈을 갖게 되었다. 그리고 지금 그 꿈을 향해 나아가고 있다. 그래서 제2의 인생을 제1의 인생보다 더 치열하게 살고자 한다. 한 번도 가보지 않은 길을 나서려 하는 것이다. 조금은 두렵지만 꿈에 대한 확신을 가지고 책을 쓰고 강연을 한다면, 나는 분명 소중한 나머지 인생을 평생 현역으로 살 수 있을 것이다.

당신도 도전하라. 무엇이든 시작해야 한다. 그것도 지금 당장 해야 한다. 도전하지 않으면 결과는 없다. 100세 시대 평생 현역이 답이다. 당신도 제2의 인생, 평생 행복한 현역으로 살아갈 수 있다.

## 05

# 행복하게
# 나이 드는 법

행복하게 산다는 것은
마음의 평온함을 뜻한다.
- 시세로 -

　같은 부서는 아니었지만 마음이 잘 통하던 동료가 세 명 있었다. 같이 점심도 먹고 저녁 시간도 같이 보냈다. 그중 한 명은 발령이 나서 다른 기관으로 갔다. 그리고 한 명은 정년을 5년쯤 남겨두고 명예퇴직을 했다.

　명예퇴직을 한 그녀는 얼마 전 남편과 함께 몽골로 봉사활동을 떠났다. 여기에 그냥 남아있으면 편안한 노후가 기다리고 있었고, 은퇴 후에는 연금도 나오니 먹고 살 걱정도 없었는데, 그녀는 또 다른 아름다운 삶을 선택한 것이다. 그녀는 남편과의 사이가 너무 좋아서 50세를 넘긴 지금까지도 남편을 보면 가슴이 설렌다고 늘 자랑했다.

"이 나이에 남편보고 가슴이 설레면 정상 아니야. 정신과 한번 가봐."

우리는 놀리듯 농담을 하곤 했다. 그리고 도종환 시인의 시에서 '아내와 나는 가구처럼 자기 자리에 놓여 있다. 장롱이 그렇듯이 오래 묵은 습관을 담은 채 (중략) 본래 가구들끼리는 서로 말을 하지 않는다'는 내용을 인용해 "부부는 10년 이상 살면 가구가 되고 가구들끼리는 말을 하지 않는 거야."라며 놀리기도 했다.

일상을 소중히 여기고 열심히 살아온 그녀가 몽골이라는 낯선 땅에서 봉사활동을 펼치기 위해 떠났다. 도전을 감행한 것이다. 남들이 쉽게 할 수 없는 일을 결정한 그녀의 선택에, 봉사 정신에, 도전 정신에 박수를 보낸다.

우리는 살아가면서 무엇인가를 다시 시작하고 싶어도 쉽게 결정을 내리지 못한다. 나이가 들면 들수록 더 어려워진다. 지금 누리고 있는 일상에서 벗어나지 못하는 것이다. 미래가 불안한 것이다. 해보지도 않고, 시작하지도 않고 말이다.

인생은 누가 더 빠른지 결정하기 위한 경주가 아니다. 각자의 삶을 살아가야 함에도 불구하고 1등으로 결승선을 통과하기 위해 애쓰며 살아간다. 신이 묻는다.

"너는 그렇게 열심히 달리면서 얼마나 의미 있고 행복한 시간을 보냈다고 생각하느냐?"

그렇다. 우리는 인생의 행복 열쇠가 어디에 있는지 뒤돌아보아야 한다. 어디쯤에 와 있는지 확인해 보고 행복하게 살아가는 법에 대해 물어보아야 한다. 바로 자기 자신에게 말이다.

몇 달 전 나는 이 책을 쓰던 중, 책이 잘 써지지 않아 근무연수 20년이 지나면 딱 한 번 갈 수 있는 장기 재직 휴가를 신청했다. 그리고 비장한 마음으로 짐을 쌌다. 책을 쓸 때 참고할 도서와 의식성장 도서 40여 권을 여행 가방에 챙겼다. 일주일 동안 먹을 김치와 음식 몇 가지를 싸고 옷도 몇 벌 넣었다. 짐을 챙긴 후 나는 첫 번째 숙소인 수안보 연수원으로 출발했다.

주차장에 도착해서 차를 세우고 짐을 하나씩 꺼내 카트에 실었다. 그런데 좀 이상했다. 뭔가 빠진 기분이었다. 아뿔싸! 나는 자리에 털썩 주저앉고 말았다. 짐 하나가 없는 것이다. 차를 아무리 뒤져도 없었다. 하필이면 가장 중요한 것을 놓고 왔기에 망연자실할 수밖에 없었다. 바로 노트북과 태블릿 등 글을 쓰기 위한 모든 도구가 들어있는 가방 하나를 서재에 그대로 놓고 왔기 때문이다. 전쟁터에 나가는 병사가 총을 놓고 간 꼴이었다. 나도 모르게 눈물이 쏟아졌다.

'영자야, 너 도대체 지금 여기 왜 온 거야!'

앞이 캄캄했다. 어떻게 해야 할지 막막했다. 그러다가 정신을 차리고 집에 있는 큰아들에게 전화를 걸었다.

"수원아, 이를 어쩌면 좋아? 어떻게 해? 나 여기 왜 온 거야?"

"엄마 어디야? 왜 그래? 무슨 사고 났어? 왜 울어? 차근차근 말해 봐."

"아니야, 사고가 난 건 아니야. 근데 엄마가 노트북 든 가방을 안 가져 왔어. 어떻게 해야 해. 다시 서울로 가야겠어. 아, 어떡해. 나 바본가 봐. 그걸 놓고 오다니. 내가 제정신이야? 이런 정신으로 무슨 책을 쓴다고… 아, 어쩌면 좋아."

"엄마, 잠깐 있어 봐. 사고 안 났으면 됐어. 깜짝 놀랐잖아. 뭐 별것도 아닌 걸 가지고 울고 그래. 내가 어떻게 해야 할지 생각 좀 해보고 전화 다시 할 테니까 얼른 짐이나 옮기고 있어."

순간 나는 섭섭한 마음이 들었다.

'뭐, 별것 아니라고. 그게 얼마나 중요한 물건인데, 그것 때문에 내가 지금 여기에 왔는데, 한 달이나 휴가를 내고.'

서운한 마음에 별별 생각을 다 하고 있었다. 그리고 잠시 후 큰아들에게서 다시 전화가 왔다.

"엄마, 엄마가 다시 서울에 왔다 가는 거는 무리고, 너무 힘들어. 내가 알아봤는데 퀵서비스로 보낼 수 있대. 그런데 비용이 좀 비싸네."

"얼만데?"

"응, 10만 원이 좀 넘을 것 같아. 어떻게 할까? 아무리 생각해도 엄마가 다시 왔다 가는 거는 무리가 있고, 내가 가려고 해도 차가 없으니까. 그냥 퀵으로 받는 게 제일 좋을 것 같아."

세 시간 후에 10만 원을 지불하고 가방을 받았다. 돈이 좀 아깝기는 했다. 꼼꼼히 챙기지 않고, 떠나는 것에만 집중하며 뒤돌아보지 않고 서두른 대가를 톡톡히 치른 것이다. 돈이 좀 들기는 했으나 '참 좋은 세상이다' 싶었다. 그리고 이런 생각을 해낸 아들에게 감사했다. 나는 퀵서비스를 이용해야겠다는 생각은 하지도 못했다. 바보 같은 나 자신만 탓하고 있었다.

우리는 인생을 살면서 너무 빨리 질주하는 바람에, 너무 서두르는 바람에 가장 중요한 무엇인가를 놓치고 살고 있는지 한번 뒤돌아보아야 한다. 운전할 때도 속도를 높일수록 주위를 둘러보기 어렵다. 주변 경관이 아무리 아름다워도 질주하는 차 안에서는 바라볼 수가 없는 것이다. 그렇게 젊은 시절을 보내고 나면, 많은 것을 놓친 채 후회하며 중년을 맞이할 수 있다.

고은 시인의 '내려갈 때 보았네 올라갈 때 보지 못한 그 꽃'이라는 시가 있다. 짧지만 많은 생각을 하게 해 준다. 중년은 이제 내려가는 길이다. 열심히 사느라 미처 챙기지 못한 주변을 돌아보며 살아야 할 것이다. 그렇게 나이 들어가는 자신을 발견할 때 행복을 맛볼 수 있다.

살아오는 동안 4번의 입관식을 지켜보았다. 엄마, 아버지, 시어머니 그리고 친구의 입관식이었다. '수의에는 주머니가 없다'고 하더니 정말이었다.

저 세상 갈 때는 아무것도 가져갈 것이 없으니 주머니가 없는 것이라고 했다. 그래서 많은 이들이 이를 빗대어 모든 것을 내려놓고 베풀며 살아야 한다고 말한다. 나도 이 말에 크게 공감한다. 그러나 욕심내야 할 것이 하나 있다. 바로 끝없는 배움, 공부다.

스펙을 쌓기 위한 공부가 아니라 제2의 인생을 살기 위한 '진짜 인생 공부'를 말한다. 나는 늦은 공부를 하며 꿈을 꾸고 그 꿈을 향해 가고 있다. 지금도 열심히 책을 읽고 있다.

"늦은 나이에 꿈을 이루기나 하겠어?"라고 질문한다면 나는 《신과 나눈 이야기》에 나오는 구절로 답을 대신하겠다.

비록 목표 지점에 도달하지 못하더라도 그곳까지 가는 과정이 행복하다면 그것으로 된 것이다. 당신들이 듣지 못했지만, 그녀는 떠나기 전에 이렇게 말했을 것이다.

'나는 다 이루었다. 나는 지금 행복하게 떠나려 한다. 더 행복한 곳으로.'

우리는 젊은 날 치열하게 살아왔다. 가족들을 위하고 직장에 충실하며 정직하게 살아왔다. 그렇게 30대를 보내고 40대를 보냈다. 행복을 생각할 겨를도 없이 달려왔다. 지금부터라도 돌아보자. 행복의 의미를 되새겨 보자.

어느 조사에 의하면 나이가 들수록 행복지수가 높아진다고 한다. 그렇다고 가만히 앉아있는데 행복해지는 것은 아니다. 이제 나를 찾고 나의 꿈을 찾고 진짜 인생 공부를 시작해야 한다. 내가 찾은 행복한 중년을 맞이하는 것이다. 살아있는 날 중에 가장 젊은 오늘을 돌아보는 것부터 시작하자!

## 06

# 배우고 가르치고
# 사랑하라

살아가면서 모든 행동을 마지막인 것처럼 한다면
그대는 헛된 공상에서 벗어나 안식을 얻을 것이다.
– 마르쿠스 아우렐리우스 –

 못 먹고 못 살던 시절에 비교하면 지금은 공부하기 좋은 환경을 갖추고 있다. 공부하지 않는 사람들의 이야기를 들어 보면 대부분 시간이 없다고 말한다. 물론 정말 그런 사람들도 있을 것이다. 그러나 이것은 대부분 핑계에 지나지 않는다. 단지 마음이 없기 때문이다. 단 10분만 읽겠다고 마음먹으면 가능하다.

 《하루 10분 독서의 힘》을 펴내고 인생역전에 성공한 임원화 작가의 원래 직업은 서울대학교 분당병원 중환자실 간호사였다. 자살을 생각할 만큼 일은 힘들었다. 최악의 상황에서도 그녀는 틈틈이 책을 읽는 습관을 버리지 않았다. 어느 날부터인가 책에 더욱 몰입하게 되었고, 그렇게 읽다 보니 책을 읽기만 할 것이 아니라 책을 쓰기로 생각을 바꾸게 되었다. 생각을 행동으로 옮긴 그녀는 여러 권의 책을 출간한 저자가 되었다. 지금은 강연가, 동기부여가, 책 쓰기 코치 등 메신저의 삶을 살고 있다.

저자 강연회에서 본 그녀는 100만 원이 넘는 '몽블랑 만년필'로 사인을 한다. 자동차도 벤츠와 BMW 2대를 소유했다. 그녀는 1인 기업가로서 연 1억 원대 이상의 수입을 올리고 있다. 내가 그녀의 이야기를 꺼낸 것은 돈을 많이 벌어서가 아니다. 사업을 해서 이보다 훨씬 많은 돈을 버는 이는 수없이 많다. 다만 그녀의 인생역전은 책을 읽고 책을 펴냄으로써 이룬 성과라는 것이다. 즉, 꾸준히 공부한 결과다.

석사학위를 따고 박사학위를 취득하는 공부를 하라는 뜻이 아니다. 나는 누구이며 어디에서 왔으며, 인생이란 무엇인지, 우주는 어떻게 생성되었는지 하나하나 알아가고 깨달아가는 진짜 공부를 말하는 것이다.

만약 책을 살 돈이 부족하다고 한다면 이는 변명에 지나지 않는다. 3년 동안 도서관을 이용해 책을 읽고 지금은 저자로 강연가로 왕성한 활동을 하고 있는 김병완 작가의 이야기를 들으면 이해가 갈 것이다.

그는 3년 동안 치열하게 도서관에서 책을 읽은 후 수십 권의 책을 쓰는 작가가 되었다. 책과 관련된 강연도 많이 한다. 오직, 독서 하나로 독자에서 저자, 수강생에서 강연자로 탈바꿈한 것이다. 도서관의 책으로 독서 전문가가 된 것이다.

그의 강의를 들은 후 나도 구청 도서관에서 그의 저서를 많이 읽었다. 《나는 도서관에서 기적을 만났다》, 《초의식 독서법》, 《48분 기적의 독서법》, 《책 쓰기 혁명》, 《선비들의 평생 공부법》 등 독서에 많은 도움이 되는 책이었다.

책이 어려워서 읽어도 이해가 가지 않는다며 포기하는 사람도 있을 것이다. 이 역시 극복할 수 있다. 나는 몇 년 전부터 인기를 끌고 있는 인문학 공부에 흥미를 갖고 〈고전 50권 읽기〉 프로그램을 진행했던 한 '인문학 카페'에 가입했다. 이것을 시작으로 책을 본격적으로 읽기 시작했다. 그렇게 책을 읽다 보니 나도 책을 쓰고 싶어졌다. 단 한 권만이라도 내 이름으로 된 책을 책장에 꽂고 싶었다. 평소에 말하는 것을 좋아하는 나의 강점을 살려 강연도 하고 싶었다.

꿈이 생긴 것이다. 그렇게 꿈이 생기자 기회가 찾아왔다. 나는 인터넷을 검색하여 여러 글쓰기 단체를 알게 되었고 서울시민대학에서 대학교와 연계하여 운영하는 프로그램 중 경희대학교 이문재 교수가 강의하는 '나만의 글쓰기' 수강을 하며 글쓰기를 익혔다.

건국대학교에서 진행한 '나만의 자서전 쓰기' 강의도 참여했다. 김승옥의 《무진기행》을 비롯한 단편소설도 여러 권 필사했다. 인터넷에서 글쓰기를 배울 수 있는 곳도 여러 곳을 검색했다. 글쓰기 가르치는 곳이 그렇게 많은지 처음 알았다. 그렇게 열심히 검색하던 중 ○○글쓰기 협회, 강사학교, 경매학교까지 알아보게 되었다.

여기저기 갈피를 잡지 못하다가 드디어 마음을 잡은 곳이 생겼다. 그 후 글쓰기 카페에 가입하고 특강에도 열심히 참여하며 그동안 축적한 내용을 토대로 책을 써나가기로 했다. 이제 더 이상 방황하지 않게 된 것이다.

인생의 새로운 목표인 책을 쓰기 위해 한 줄 한 줄 써 나갔고, 읽기도 게을리하지 않았다. 내가 그동안 쓴 글을 정리하고 본격적으로 책을 쓰는데 이 단체는 정말 많은 도움이 되었다. 지금 열심히 책을 읽고 있으며 자신의 이름으로 된 책 한 권을 내고 싶다면, 아래로 연락하라. 단체와 방법 등을 알려 주겠다.

전자우편　jyj1969@naver.com
　　　　　jyj1969@jn.go.kr
블　로　그　http://blog.naver.com/jyj1969
문　　　의　010-8355-2311

"위대한 영혼의 소유자는 엄청난 덕행을 할 수 있는 반면에 엄청난 악행도 할 수 있으며, 천천히 걷되 곧은 길을 따라가는 사람은 뛰어가되 곧은 길에서 벗어나는 사람보다 훨씬 더 먼저 갈 수 있는 것이다."

데카르트의 저서 《방법서설》에 나온 말이다. 일이 잘 풀리지 않고 꼬이면 다른 사람을 탓하는 사람들이 있다. 나도 그런 사람이었다. 그러나 이제 나는 배움을 통해 세상의 이치를 알게 되었다. 내가 지금 잘못된 길에 서 있다면 그것은 자신이 과거에 잘못 살아온 탓이며 다시 꿈을 꾸고 새로운 길로 가는 것 또한 본인만이 책임질 수 있다는 것을 알게 되었다. 나는 이제 배움을 놓지 않고 배운 것을 다른 사람들과 나누며 행복을 전하는 메신저로 살아갈 것이다.

조지 버나드 쇼는 소설가로서는 실패했지만 연설가와 극작가로 자아를 찾고 유머와 풍자, 위트를 잃지 않으며 살다가 94세에 세상을 떴다고 한다. 그런 그의 묘비명에는 이렇게 쓰여 있다고 한다.

"우물쭈물하다가 내 이럴 줄 알았지!"

지금부터라도 배워야 한다. 책을 읽어야 한다. 책은 우리에게 직접 경험하지 못한 세계를 알게 해 주고 어떻게 살아가야 할지 인생의 나침반이 되어 주기도 한다. 가슴을 때리는 한 줄의 문구가 당신의 인생을 바꾸기도 한다.

한 권의 책에는 깨달음이 있다. 그리고 배웠다면 다른 누군가에게도 그 배움을 전파하라. 세상과 나누라. 당신의 인생에서 배우고 가르치고 사랑하는 일을 절대 포기하지 마라. 그것은 동시에 행복도 포기하는 일이다.

**07**

# 지금,
# 여기에서 행복하라

마지막의 행복이 참 행복이다.
- 법구경 -

　지금까지 우리는 꿈이 있는 인생, 진짜 인생 공부, 내가 주인인 주도적인 인생, 인간관계의 힘, 그리고 어제보다 오늘이 더 나아진 성장하는 삶에서 행복을 보았다.
　이제 '행복이란 무엇일까? 행복하려면 어떻게 해야 할까?'라는 물음의 끝에 섰다. 우리는 행복을 찾아 긴 여행을 시작했고, 이제 그 여행이 끝나가는 시점에 다시 물음을 던진다.
　'지금 나는 행복한가? 행복이란 과연 존재하는가?'
　아직도 많은 의문이 남을 것이다. 그 의문을 품었다는 것 자체가 행복에 한발 더 다가갔다는 의미다. 행복은 작은 것으로부터 온다. 이제는 행복이 어떻게 내 곁으로 다가왔는지, 그것을 어떻게 받아들이고 살고 있는지 담담하게 써 보기로 하자.

큰아들이 초등학교 1학년 때 일이다. 그날은 내가 직장에 휴가를 내고 쉬고 있었는데 학교에 갔던 수원이가 종이 한 장을 펄럭이며 세상을 다 얻은 듯 집으로 들어왔다.

"엄마, 나 오늘 100점 받았어!"

"우와! 우리 아들 100점 받았어? 이야 대단한데! 어디 보자. 우와 정말 100점이네. 우리 아들 장하다. 장해!"

아이가 내민 시험지는 받아쓰기였다. 10개 모두 빨간 색연필로 동그라미가 그려져 있고 그 위에는 100이라고 숫자가 쓰여 있었다. 아이는 받아쓰기 시험에서 100점을 받은 것을 자랑하고 싶어 학교에서부터 뛰어온 것이었다. 나도 너무 즐거웠다. 아들을 안아 주었고 그렇게 우리는 한껏 행복감에 젖어있었다.

저녁때가 되었다. 아빠가 퇴근하자마자 아이는 아빠에게로 뛰어갔다.

"아빠, 나 오늘 받아쓰기 100점 맞았어!"

여기까지는 행복했다. 그러나 남편은 시큰둥한 표정을 짓더니 아이에게 이렇게 말했다.

"야, 초등학교 때 100점 못 받으면 언제 받아보냐? 그것도 겨우 받아쓰기에서 한 번 한 걸 가지고 뭘 대단한 것처럼 야단들이야?"

여러분은 혹 아이에게 이렇게 말한 적이 없는가? 만약 과거에 그랬다면 이제 생각을 바꾸어 보자. 우리는 어떤 순간을 위해서 행복을 미루어 둘 것인지 고민해봐야 한다. 지금 이 순간 행복을 놓치는 잘못을 해서는 안 된다.

다음은 인터넷에서 본 글이다. 어느 날 초등학교 다니는 딸이 0점 받은 시험지를 가져왔다. 그러자 아빠는 아이에게 화를 내며 이렇게 말했다.

"한 번만 더 빵점 받아오면 아는 척도 하지 마라!"

며칠 후 아빠가 퇴근했을 때 딸이 평상시 같으면 "아빠 안녕히 다녀오셨어요?" 인사를 하는데, 그날은 아빠를 빤히 쳐다보면서 "아저씨, 누구세요?" 했다고 한다.

우리는 살면서 작은 행복들을 놓치고 사는 경우가 참 많다. 받아쓰기 100점의 작은 행복을 보지 못하며, 시험 0점보다 더 중요한 딸과의 소소한 행복을 흘려보낸다. 행복을 높은 곳에서 그리고 멀리서만 찾는다. 남의 떡을 쳐다보기 바빠 내 떡의 소중함을 모른다. 좋은 대학, 좋은 직장, 많은 돈만이 행복이라고 생각한다.

우리는 행복을 돈이 있거나 유명하거나 잘생겼거나 하는 외부에서만 찾는 경향이 있다. 그러나 이는 나보다 더 잘나가는 사람들, 돈이 많은 사람들의 외면만을 본 결과다. 그 뒤에 숨은 노력과 고민과 고통은 간과해 버리는 것이다.

행복은 한번 느끼고 버리는 소모품이 아니다. 당신을 행복하게 하는 것은 지금 당신이 기르고 있는 나무 한 그루의 기적에도 있다. 당신이 밟고 있는지 모른다. 당신은 지금 이곳에서 행복해야 한다. 행복한 개인들이 모이면 사회가 행복해진다. 행복한 사회가 모이면 국가가, 세계가 행복해진다.

엄청나게 짜릿한 일을 한 번 경험하느냐의 여부가 사람의 행복을 좌우하는 것이 아니다. 가랑비에 옷이 젖듯 아주 작고 별것 아닌 것에서 기쁨을 자주 느끼는 것이 행복이다. 한 사람의 삶을 놓고 볼 때 이런 사람들이 훨씬 행복에 가깝다는 것을 알 수 있다.

이런 소소한 행복 외에 또 어떤 행복이 우리를 기다리고 있을까? 다시 행복을 찾아 나섰다. 그런데 왜 사람들은 자꾸 행복과는 거리가 먼 일들을 찾아 나설까? 행복은 찾아 나서는 것이 아니었다. 늘 우리 곁에 있었다. 물이나 공기, 햇빛처럼 몰라보고 지나쳤을 뿐이다. 지금 옆을 보라. 행복이 당신에게 미소 짓고 있다.

어느 날 차에서 내리다가 문득 사이드미러를 보았다. 거기에는 이런 글이 적혀있었다.

'사물이 눈에 보이는 것보다 가까이에 있습니다.'

어쩌면 행복도 당신이 보는 것보다, 당신이 생각하는 것보다 훨씬 가까이 있을 수 있다. 무지개를 좇아 산 넘고 물 건너는 아이처럼 멀리서 찾을 필요 없다. 앞을 보라. 옆을 보라. 거기에 당신의 행복이 보일 것이다.

나는 책을 읽고 내 이름으로 된 책을 쓰면서 그 속에서 행복을 찾았다. 아이들과의 맛있는 저녁 한 끼에서, 친구와 가는 찜질방에서, 동료들과의 웃음 속에서 행복했다. 오늘 더 행복해지는 연습을 하는 동안 나는 열 개, 스무 개, 그 이상의 행복을 느꼈다. 이 책을 쓰면서 나는 누구보다 행복해졌다. 지금 여기에서 찾은 소중한 선물이다.

행복은 결코 멀리 있지 않다. 당신도 떠오르는 태양을 보면서 오늘 하루의 행복을 선물로 받아라. 떨어지는 석양 속에서 오늘 하루 행복했음을 감사하라. 당신도 행복해지고 싶다면 이 책의 행복 키워드 다섯 개를 가슴속에 품어보라. 그리고 어제보다 더 행복한 오늘을 살아라.

＊가슴 뛰게 하는 꿈을 찾아라 - 꿈
＊인생 후반기, 진짜 공부를 시작하라 - 공부
＊타인에게 휘둘리지 말고 내 인생을 살아가라 - 주도적 인생
＊최고의 가치는 사람임을 잊지 마라 - 관계
＊더 배우고 가르치고 사랑하라 - 성장

물론 이 밖에도 행복의 키워드는 너무나 많다. 자유, 사랑, 성공, 돈, 좋은 머리 등… 자, 이제 다음 행복의 말들을 남겨두고 마지막 페이지를 넘긴다. 나는 다시 또 다른 행복을 찾아 여행을 떠

날 것이다. 당신도 함께 떠나보지 않겠는가? 기차가 출발하려 한다. 더 늦으면 안 된다. 뒤돌아보지 말고 얼른 올라타라.

인생은 한 번뿐이다. 오늘도 이 시간도 지나면 다시 오지 않는다. 오늘의 삶에서 행복을 찾아야 한다. 크거나 작거나, 높거나 낮거나 무언인가를 할 수 있는 시간은 오늘, 지금, 이 순간뿐이다. 세상의 모든 '금' 중에서 가장 귀한 금은 '지금'이라고 한다. 지금 이 순간이 마지막인 것처럼 행복하게 살아야 한다.

삶의 기쁨을, 당신의 행복을 내일에 양보하지 마라. 내일의 행복을 위해 오늘의 행복을 저당 잡히지 마라. 숱한 시련과 높고 낮은 언덕을 넘어 지금 여기에 도착한 당신, 지금까지 잘 왔다. 마지막으로 이 한마디를 해 주고 싶다.

"지금, 여기에서 행복하라!"

## 오늘 더 행복해지는 연습

초판 1쇄 인쇄 2016년 11월 07일
초판 1쇄 발행 2016년 11월 14일

지 은 이  정자영
펴 낸 이  권동희
펴 낸 곳  위닝북스
기    획  김태광
책임편집  신지은
디 자 인  박정호
교정교열  김진주
마 케 팅  김응규 허동욱

출판등록  제312-2012-000040호
주    소  경기도 성남시 분당구 수내동 16-5 오너스타워 407호
전    화  070-4024-7286
이 메 일  winningbooks@naver.com
홈페이지  www.wbooks.co.kr

ⓒ위닝북스(저자와 맺은 특약에 따라 검인을 생략합니다)
ISBN 979-11-87532-19-4 (13190)

이 도서의 국립중앙도서관 출판도서목록(CIP)은 서지정보유통지원시스템 홈페이지(http://seoji.nl.go.kr)와 국가자료공동목록시스템(http://www.nl.go.kr/kolisnet)에서 이용하실 수 있습니다.(CIP제어번호: CIP2016024491)

이 책은 저작권법에 따라 보호받는 저작물이므로 무단전재와 무단복제를 금지하며, 이 책 내용의 전부 또는 일부를 이용하려면 반드시 저작권자와 시너지북의 서면동의를 받아야 합니다.

위닝북스는 독자 여러분의 책에 관한 아이디어와 원고 투고를 설레는 마음으로 기다리고 있습니다. 책으로 엮기를 원하는 아이디어가 있으신 분은 이메일 winningbooks@naver.com으로 간단한 개요와 취지, 연락처 등을 보내주세요. 망설이지 말고 문을 두드리세요. 꿈이 이루어집니다.

※ 책값은 뒤표지에 있습니다.
※ 잘못 만들어진 책은 구입하신 서점에서 교환해 드립니다.